Mathieu Eggler (Herausgeber)

W. Baur, G. Blaser, F. Bokelmann, W. Bolay, M. Bönig,
H. Decker, P. Hahne, E. Hedrich, K. Hezel, E. Hörster,
R. Hottiger, G. Kausemann, D. Kleger, P.G. Meyer,
H. Schole, D. Velten, B. Wetzel

Zeltmission – Chance für Europa

VLM

Verlag der
Liebenzeller Mission
Bad Liebenzell

*Meinen Lieben,
die während Zeltevangelisationen
oft allein zu Hause waren.*

*Zum 50. Geburtstag meiner immer treu zu mir
und unserem Dienst stehenden Gattin Esther
und zur Hochzeitsfeier unserer jüngsten Tochter
Valérie mit Hansueli.*

ISBN 3-88002-389-1

Alle Rechte vorbehalten, auch der auszugsweisen Wiedergabe und Fotokopie
© Copyright 1989 by Verlag der Liebenzeller Mission, Bad Liebenzell
Umschlaggestaltung: Albrecht Arnold, Dettingen/Erms
Fotos: Aus dem Archiv der beteiligten Zeltmissionen
Satz: Studio MSD, Frutigen, Schweiz
Herstellung: St.-Johannis-Druckerei, Lahr-Dinglingen
Printed in West-Germany 25450/1989

Inhalt

Warum dieses Buch? 7
Mathieu Eggler
Zeltmission – Chance für Europa 9
*Hermann Decker/Franz Bokelmann/Karin Hezell/
Eckehard Hörster*
Deutsche Zeltmission e.V. 15
    Ein Überblick 15
    Regensburg – Zeltevangelisation mit Kuriositäten 17
    Meine Oma lernt noch mit! 24
    Lieber Peter! 26
Hermann Schole
Schweizerische Zeltmission 28
    Die Geburtsstunde der Zeltmission 28
    Jakob Vetter 35
    Interview mit Karl Dollenmeier 41
    Streiflichter aus der Arbeit 43
    Zeltevangelisation in Neuland-Gebieten 52
Manfred Bönig
**Zeltmission Bund Freier evangelischer
Gemeinden in der BRD** 55
Wilfried Bolay
Evangelisch-methodistische Kirche - Zeltmission (D) ... 64
    Alle brauchen Christus 64
    Über 150 Jugendliche folgten in Welzheim
    dem Ruf ins Zelt 72
    Seelsorgehelfer reichten nicht mehr aus 74
Mathieu Eggler
Zeltmission der VFMG 76
    Höre auf mit Kratzen – glaube nur! 79

Daniel Kleger/Georges Blaser
Zeltmission der Chrischona-Gemeinden 86
    So war's und so wird's gemacht 86
    Aus Dienstprogramm und Gebetsbriefen
    des Seniorleiters 87
aus: "Mein Wort behalten"
Zeltmission des Evangelischen Brüdervereins 91
Bernd Wetzel
Zeltmission der Liebenzeller Mission 95
Günther Kausemann
Barmer Zeltmission 99
    Die Zeltmission in Stichworten 99
    Von der Scheinwelt zur Wirklichkeit durchgedrungen . 102
Paul Gerhard Meyer
Neuland-Mission-Plettenberg 107
    Die Geschichte der NMP 107
    Schlaglichter aus den Berichten 1987 und 1988 113
Elisabeth Hedrich/Werner Baur
Missionarische Arbeit Deutscher EC-Verband 116
    So fing es an 116
    Heilbronn, im Mai 1986 120
    Mengen, Mai 1988 125
Mathieu Eggler
Mission ohne Grenzen - die Zelte von Erino Dapozzo ... 130
Mathieu Eggler/Dieter Velten/Peter Hahne
Eine weitere Chance: Kinderstunden im und ums Zelt . 136
    Das Zelt zieht Kinder an 136
    Zur Notwendigkeit der Evangelisation unter Kindern .. 137
    Es ist niemand zu gross, es ist niemand zu klein 138

Warum dieses Buch?

Weil jährlich wohl über eine Million Menschen und dazu Zehntausende von Kindern nur schon in den Missionszelten der Bundesrepublik und der Schweiz das Evangelium von Jesus Christus hören können. Wobei nicht zu übersehen ist, daß auch in anderen Ländern Europas Zeltmissionen unterwegs sind.

Deren Besucherzahlen übertreffen bei weitem diejenigen von Konzerten durch Jugendchöre, Duos, Trios sowie Pop- und "christlichen" Rockgruppen mit biblischem Inhalt oder frommem Anstrich. Laut einer Schätzung gehen monatlich im deutschsprachigen Raum etwa 55 000 eher jüngere Leute dorthin. Diese Angabe unterstreicht die Popularität, die Möglichkeiten und die Wirksamkeit der Zeltmissionen.

Das Buch zeigt, daß die Zeltmissionen seit bald einem Jahrhundert viele Sommer lang eine grosse Chance für Europa waren und weiterhin sind.

Es ist ein Aufruf, vermehrt für diese gesegnete Arbeit zu beten.
Es ist ein Aufruf, immer wieder Zeltmissionen durchzuführen.
Es ist ein Aufruf, Freunde, Familienangehörige, Mitarbeiter und Nachbarn mit in eine Zeltevangelisation zu nehmen.
Es ist ein Aufruf, damit weiterhin Jugendchöre, Solisten und Singgruppen, die von alt und jung in den evangelikalen Gemeinden angenommen sind, in den Zelten auftreten und ihren persönlichen Glauben an Jesus Christus zu seiner Ehre bezeugen.

Herzlichen Dank allen Autoren, die zum Gelingen dieses Taschenbuches mithalfen. Und vor allem wollen wir Gott anbeten, der die Zeltmissionen immer wieder gesegnet hat und dort die frohe Botschaft verkündigen ließ.

Wie wär's?

⇨ Wenn mir Zeltmissionen, die in diesem Taschenbuch keinen Beitrag haben, für eine weitere Ausgabe einen solchen zustellten?

⇨ Wenn mir recht viele Leser, die durch eine Zeltmission ihr Leben dem Herrn Jesus anvertraut haben, einen Zeugnisbericht von diesem wichtigsten Lebensereignis für ein neues Taschenbuch "Zeltmission – mehr als ein Abenteuer" ausarbeiteten?

Der Herausgeber
Mathieu Eggler
Postfach 33, CH-2500 Biel 8

Zeltmission – Chance für Europa

Wenn man von Zeltmission redet, dann entdeckt man doch bald einmal, wie diese missionarische Arbeit in unserem Jahrhundert die europäische Evangelisation befruchtete und prägte.

Aus Diakonen werden Evangelisten
Viele, viele Evangelisten und Missionare haben irgendwann einmal als Zeltdiakon angefangen.

Evangelist *Wilhelm Pahls* vom Missionswerk "Die Bruderhand" aus Wienhausen bezeugt in einem Traktat: "Mit 20 fing mein Leben an". Es geschah durch ein christliches Buch. Eine der ersten Aufgaben, in die ihn der Herr rief, war der Dienst als Zeltdiakon. Dort machte er "seine" Bibelschule. In der freien Zeit las und studierte er Gottes Wort und das Buch "Erweckung" von Charles G. Finney. Mit Heißhunger verschlang er weitere Berichte von den großen Erweckungen vergangener Tage. Namen wie John Wesley, William Booth und Spurgeon, Moody und Torrey, Jakob Vetter, Fritz Binde und viele, viele andere waren ihm bald vertrauter als die seiner eigenen Verwandten.

Er schreibt im "Echo", dass ihn damals ein unbändiger Lesehunger gepackt hatte. Nach kurzer Zeit war seine erste Bibel von der ersten bis zu der letzten Seite bunt unterstrichen. Auch dem Gebet räumte er einen äußerst wichtigen Platz ein. Es war eine entscheidende Zeit der Zurüstung für ihn – diese Zeit als Zeltwache.

1981 konnte sich die Schweizerische Zeltmission, vor allem ermutigt durch die gesegneten Evangelisationen von Wilhelm Pahls, entschließen, ein viel größeres Zelt anzuschaffen. Es bietet Platz für rund 2 000 Personen. Und es wurde immer wieder voll, ja zu klein.

Für 1989 sind für den einstigen Zeltdiakon größere Evangelisationen und Dienste in Pretoria/RSA, Dijuna/Kenia, Dornbirn/Österreich, Siegen/BRD, Düren/BRD, Bad Lippspringe/BRD und St. Chrischona/Schweiz vorgesehen. Wo hat er angefangen, dieser von Gott bestätigte Menschenfischer? Ganz unten, im Zelt, als einfache Wache!

Anton Schulte wurde 1946 als Kriegsgefangener von Amerika nach Europa zurückverfrachtet. Nach verschiedenen Stationen und Leidenswegen landete er in Schottland. Der Krieg war seit einem Jahr zu Ende. Mit der Zeit wurden auch die Lebensbedingungen für die Gefangenen etwas besser. Er bekam die Erlaubnis, auf einer Farm zu arbeiten, später dann sogar die Möglichkeit, bei einem Bauern zu wohnen. Einige Wochen später kaufte er ein wackeliges Fahrrad, einen gebrauchten dunkelblauen Anzug sowie Schuhe, Socken, Hemd und Krawatte. Und jetzt ging's los. Er wollte all' das nachholen, was er in der Jugend verpaßt hatte. Er besuchte Hunderennen und ließ sich von der Wettleidenschaft anstecken. Er kam zu Geld. Dieses eröffnete ihm die Kinowelt. Es folgten Treffen mit Mädchenflirts und unterhaltsame Nächte. Trotzdem fand er keinen echten Lebenssinn. Er fing an nachzudenken.

Wo kommt das Leben her? Was hat es für einen Sinn? Wo führt es hin? Ist mit dem Tode alles aus? Da lud ihn ein Freund zu einer christlichen Veranstaltung ein. Die Zeugnisse rüttelten ihn auf. Er sagte sich: So wie diese Leute möchte ich auch sein. Alle berichteten davon, wie Jesus Christus in ihr Leben eingegriffen und es verändert hatte. Am 3. Oktober 1948 war es dann soweit. Er merkte: Ich brauche Jesus. Und er bekehrte sich.

Und wie ging sein Leben weiter? Schon bald wurde er, zurückgekehrt nach Deutschland, Zeltdiakon!

Und das ging so: Er besuchte eine Zeltevangelisation in Düsseldorf mit Evangelist Friedrich Brinkert. Als gegen den Schluß dieser Arbeit eine Nachtwache gesucht wurde, meldete er sich. Dann fragte er den Zeltmeister, ob er an den nächsten Ort zum Zeltaufbau mitfahren dürfe. Es war in Duisburg. Dort wurde er gefragt, ob er einen Zeltdiakon für drei Tage ablösen würde. Er sagte zu. Nachher wollte noch ein zweiter und ein dritter den je dreitägigen Urlaub einziehen. So kam er zur Zeltmannschaft. Nach der ersten Kinderstunde sagte man ihm: "Deine Geschichte hast Du viel zu schnell erzählt; nach 20 Minuten war ja alles fertig." Am Ausgang sagten die Kinder: "Diesen Onkel wollen wir nicht mehr!" Und der Zeltmeister meinte: "Mann, als Redner hast Du einfach kein Charisma!"

Bekannte Zeltevangelisten (von links nach rechts):
Wilhelm Pahls, Anton Schulte, Bernd Wetzel

Viele Jahre sind nun vergangen. Der willige Zeltlehrling von Düsseldorf, Duisburg und Oberhausen ist inzwischen auf vielen Zelt- und anderen Kanzeln gestanden und hat das Evangelium gepredigt.

1987 kamen seine Fernseh-Botschaften durch das Missionswerk "Neues Leben" über folgende Privatsender in Europas Haushaltungen: Eureka, jeden Sonn- und Freitag von 11.00-11.30 Uhr; RTL plus, jeden Freitag zum Sendeschluss; TELE UNO, jeden Mittwoch um 19.20 Uhr und jeden Donnerstag um 12.00 Uhr. Wo nahm dieser Dienst seinen Anfang? Wären Anton Schulte damals die kleinen Dienste im Zelt zuwenig gewesen, wäre er wohl kaum Evangelist sowie Gründer und Leiter des Missionswerks "Neues Leben" geworden.

Ein weiterer Evangelist, *Bernd Wetzel*, hat Ähnliches erlebt. Große Bier- und Weinzelte waren ihm bekannt. Was aber ein Missionszelt war, das wußte er nicht. Doch das änderte sich, als Gott in sein Leben trat. Er, der Fußballspieler, hatte plötzlich größtes Interesse, daß ein Missionszelt in seiner Gegend aufgestellt wurde. Dabei wurde er für zwei Aufgaben eingesetzt: Am Anfang durfte er den Opferkasten halten und mit dem Lastkraftwagen seines Vaters das Zelt transportieren. Später wurde er als Seminarist des Missionsseminars Bad Liebenzell als Zeltdiakon eingesetzt. Aus einem Sommer wurden drei mit insgesamt 23 Orten.

Heute hat die Liebenzeller Mission drei sehr gefragte Evangelisationszelte. Wer steht immer wieder auf deren Kanzeln? Es ist der einstige Zeltdiakon Bernd Wetzel.

Vom mutigen Bächlein zum gesegneten Strom
Irgendwo und -wann hat es angefangen, die Möglichkeit, um Ende 1988 folgende Missionen um einen Gegenwartsbericht bitten zu können:

Zelte (Sitzplätze)
 Bundesrepublik Deutschland
5 (4200) Deutsche Zeltmission (DZM)
3 (2300) Zeltmission der Liebenzeller Mission (LM)
3 (1600) Zeltmission Bund Freier Evangelischer Gemeinden
2 (1300) Deutscher EC-Verband, Missionarische Arbeit
6 (2350) Zeltmission Evangelisch-Methodistische Kirche
5 (2000) Zeltmission Bund Evangelisch-Freikirchlicher Gemeinden
3 (1000) Zeltmission zur Verbreitung biblischen Evangeliums (Barmer Zeltmission)
1 (400) Zeltmission der Evangelischen Gesellschaft (Neukirchener Mission)
1 (800) Zelt "Kirche unterwegs" der Evang. Landeskirche Württemberg
2 (350) Zeltmission Plettenberg (Neuland-Mission)

Schweiz
- 3 (2700) Schweizerische Zeltmission
- 2 (475) Zeltmission der VFMG (Vereinigung Freier Missionsgemeinden)
- 1 (325) Zeltmission der Pilgermission St. Chrischona
- 1 (375) Zeltmission der GfU (Gemeinde für Urchristentum)
- 1 (425) Zeltmission der SPM (Schweiz. Pfingstmission)
- 1 (325) Zeltmission des EBV (Evangelischer Brüderverein)
- 1 (275) Tente Romande, mission d'évangélisation
- 1 (325) Freie Zeltmission (der freien Brüdergemeinde)
- 1 (275) Freie Evangelische Zeltmission
- 1 (200) Schweizerische Zigeunermission

Viele haben sehr gerne einen Bericht abgegeben. Zudem ist zu beachten, daß in den zwei Ländern über diese Zeltmissionen hinaus noch andere tätig sind. Ferner ist die Zeltmission auch in anderen europäischen Ländern ein wichtiges Element der Evangelisation.

Folgende Zusammenstellung zeigt, wie diese Zelte eine *Chance für Europa* sind:

Anzahl Zeltmissionen: 20
Total Zelte: zirka 45
Ungefähre Einsatzlänge: 11,4 Tage
Einsätze jährlich: zirka 8 pro Zelt
Pro Zelt und Sommer: 91 Abende
x ungefähre Sitzplätze = total 22 000
bei 100 % Belegung: zirka 2 000 000 Hörer
bei 50 % Belegung: zirka 1 000 000 Hörer

Angenommen, nur 1/10 der Besucher hätte ihr Leben noch nicht unter die Herrschaft Jesu gestellt, so gäbe das immerhin 100 000 Menschen. Eine doch recht hohe Zahl, die Sommer für Sommer mit dem Evangelium konfrontiert werden kann. Diese Zahlen sind eher an der unteren Grenze. Der Geschäftsführer der DZM, Hermann Decker, wies in einer Mitgliederversammlung darauf hin, daß 1987 fast 350 000 Menschen in die Zelte gekommen sind. Etwa 20 Prozent waren sogenannte Kirchenfremde. Dazu kommt, daß diese Mission 1987 mehr Einsätze hatte, als im Jahr vorher.

Wahrlich, die Zeltmissionen sind eine Chance für Europa. Seit bald 100 Jahren nehmen jährlich viele Menschen den Herrn Jesus Christus in einem Missionszelt als ihren persönlichen Herrn und Heiland an. Und diese Chance kann noch anders gesehen werden. Man kann erwarten, daß die anderen 9/10, oder wie viele es auch sind, also mehrere hunterttausend Personen, zu Multiplikatoren werden und die gehörte Botschaft in irgend einer Form einladend weitergeben.

Dazu kommt, daß jede Zeltmission großes Gewicht auf das Gebet legt. Fast jedes dieser Werke gibt jedes Jahr für seine Arbeit ein Gebetskärtchen heraus. Wenn mindestens so viele Kinder Gottes für die Zeltmissionen beten, wie jährlich Kärtchen gedruckt werden, dann wird die Zeltmission weiterhin eine wichtige Stütze der Evangelisation in Europa bleiben.

Hat wohl Jakob Vetter, ein Bibelschüler von St. Chrischona, vor neun Jahrzehnten daran gedacht, daß "seine" Methode, in Zelten Menschen für Jesus zu gewinnen, im Grunde genommen Gottes Methode war?

Es brauchte damals ein paar wirklich mutige Schritte. Seine Gesundheit war angeschlagen, und gewisse christliche Kreise hatten für Zeltmission nichts übrig. Und heute kann man feststellen, daß die Geburt der Zeltmission eine Sternstunde Europas war. Millionen von Menschen kamen dadurch mit der Verkündigung der Heilsbotschaft von Jesus Christus in Berührung. Und viele haben sich von der Finsternis zum Heiland der Welt bekehrt.

Evangelist Mathieu Eggler

Deutsche Zeltmission e.V.

Ein Überblick

Entstehung
"Wie erreiche ich mit der Botschaft des Evangeliums die Menschen, die sich in keine Kirche und kein Gemeindehaus mehr einladen lassen"? Diese Frage beschäftigte den Evangelisten Jakob Vetter um die Jahrhundertwende. In jungen Jahren kam er in Worms am Rhein zum Glauben an Jesus Christus. Danach ließ er sich auf der Bibelschule St. Chrischona zum Prediger ausbilden. Seinen Dienst begann er in einem ausgedehnten Gemeinschaftsbezirk in Oberhessen. Aus gesundheitlichen Gründen – bereits als junger Mensch litt er an einem schweren Lungenbluten – empfahl man ihm, den Reisedienst dahin zu begrenzen, daß er an den Orten seines Bezirks jeweils zusammenhängende Bibelabende halten sollte. So entwickelte sich bei ihm schnell die ihm gegebene evangelistische Begabung. Der gesundheitlich angeschlagene Bezirksprediger wurde mehr und mehr zu einem reisenden Evangelisten.

1902 kaufte er sich eine "faltbare Kirche", mit der er den der Kirche entfremdeten Großstädter erreichen wollte. Am 27.4.1902 wurde in Mülheim an der Ruhr das Medium "Zelt", das bis dahin ausschließlich vom Zirkus benützt wurde, in den Dienst des Evangeliums gestellt. Trotz großer Skepsis in christlichen Kreisen – Gott benützte diese Arbeit. Ein neuer Zweig der Evangelisation war entstanden.

Die Nachfrage nach dem Zelt war so groß, daß bereits 1905 ein zweites und 1908 ein drittes Zelt in den Dienst gestellt wurde. Daneben entstanden durch Impulse von Jakob Vetter die

Schweizer Zeltmission und eine holländische Zeltmission. Bis heute stoßen wir auf Spuren jener Gründerzeit.

Und so ging es weiter
1949 – Deutschland ist in Ost und West geteilt. Viele Städte und Dörfer sind zerstört. Der Neuanfang darf sich nicht nur auf das wirtschaftliche und politische Leben beschränken. Das deutsche Volk braucht die Botschaft des Evangeliums von Jesus Christus. Evangelist Ernst Krupka hat amerikanische und schweizerische Freunde, die ihn unterstützen. So können neue Zelte in Auftrag gegeben werden. 1949 werden gleich zwei Zelte im Werk der Deutschen Zeltmission eingeweiht. Ein neuer missionarischer Aufbruch beginnt. Viele Menschen lassen sich in die Zelte rufen, hören die Botschaft des Evangeliums und ordnen in seelsorgerlichen Gesprächen ihr Leben.

Bald sammelt sich ein neuer Freundeskreis, der die wiederbegonnene Arbeit trägt. Die Freunde werden durch das Mitteilungsblatt "Zeltgruß" informiert. Unter dem Vorsitz von Pfarrer Paul Deitenbeck (1957-1987) können neue Evangelisten, u.a. Pfarrer Dr. Gerhard Bergmann, eingestellt werden. Das Wirtschaftswunder in der Bundesrepublik Deutschland trägt seine Früchte, eine materialistische Gesinnung führt zu geistlicher Selbstgenügsamkeit und Gleichgültigkeit. Zugleich beginnt die Auseinandersetzung mit der modernistischen Theologie. Mehr und mehr gleicht die Generation dem Weg aus dem Gleichnis vom vierfachen Ackerfeld. Oberflächlichkeit und Unempfindlichkeit dem Evangelium, aber auch dem Mitmenschen gegenüber, stellen sich ein.

Heute
Mit 5 Zelten (1 x 2 000, 2 x 800, 1 x 500 und 1 x 300 Sitzplätzen) führt die Deutsche Zeltmission pro Sommerhalbjahr 30 - 35 Zelteinsätze im Bundesgebiet durch. Wo sich missionarisch gesinnte Leute mit einbringen und verschiedene kirchliche Gemeinden eines Ortes zusammenarbeiten, werden in der Regel auch heute noch viele Menschen mit dem Evangelium erreicht. Bis zu

3 000 Zuhörer hatte Fernsehredakteur Peter Hahne bei den Abschlußveranstaltungen in der großen Zelthalle. Häufig sind ein Drittel der Anwesenden unter 30 Jahren. 10 - 20 % der Gäste haben den Kontakt zur Kirche oder christlichen Gemeinden verloren. Wenn auch große Erweckungen ausbleiben, finden doch immer wieder einzelne Menschen den Weg zu Jesus Christus. Zum Dienst der Verkündigung sind vier vollzeitlich angestellte Evangelisten tätig. Daneben arbeiten wir mit Pfarrern und Predigern aus anderen Werken und Gemeinden zusammen.

Kinderarbeit
Zunehmend gewinnt die Kinderarbeit an Bedeutung. Drei vollzeitlich angestellte Kindermissionarinnen führen nachmittags bei den Zeltveranstaltungen Kinderwochen durch. Es ist schwieriger geworden, die Aufmerksamkeit der Kinder zu gewinnen. Ein abwechslungsreiches, aber zentral auf das Evangelium ausgerichtetes Programm wird geboten. So wird Saat auf Hoffnung gesät, die nicht vergeblich ist.

Zubringerdienst
Mit Einsätzen auf Straßen und Marktplätzen, mit einer Verteilzeitung und gezieltem Einsatz der Presse machen wir auf die Zeltveranstaltungen aufmerksam und bringen das Evangelium zu den Menschen, die sich einladen lassen.
Prediger Hermann Decker

Ein Tagebuchauszug
Regensburg – Zeltevangelisation mit Kuriositäten

10.7.87 – Zeltmeister Günter Ermert und ich fahren vom Großeinsatz in Lüdenscheid nach Regensburg, um anzuzeichnen, wo auf dem asphaltierten "Zeltplatz" die Ankerlöcher vorzubohren sind. Hupkonzert auf der Autobahn. Ich schaue in den Rückspiegel und bekomme einen Schrecken. Der Wohnwagen brennt! – Zum Glück doch nicht! Die Bremsen sind defekt und heißgelaufen. Sie verursachen einen schrecklichen Qualm. Der Wohnwagen muß in die Werkstatt.

13.7.87 – Während ich noch in Siegen an der Vorstandssitzung teilnehme, baut Günter Ermert bei brütender Hitze mit 40 Bundeswehrsoldaten die Zelthalle auf.

14.7.87 – Eröffnungsveranstaltung. Artur Meneikis, Inititator und Organisator unserer Zeltarbeit, begrüßt mit herzlichen Worten die Besucher. Pfarrer Göring, Stadtdekan Lindner im Auftrag des Bischofs und Oberbürgermeister Viehbacher sagen Grußworte. "Mut für morgen" – mit diesem Thema findet Friedrich Meisinger einen guten Einstieg.

15.7.87 – Pressekonferenz. Nachdem ich die Gesprächspartner vorgestellt habe, kommen Fragen, auch kritische. Die Redakteure sind interessiert. Abends komme ich drei Minuten vor 20.00 Uhr in die Zelthalle. Fast bekomme ich einen Herzschlag. Ich fange an zu zählen. Nur 48 Personen sind da. In Regensburg kommen die Besucher sehr spät. Dann strömen doch noch mehr herein. Dennoch bleiben Stühle frei.

16.7.87 – Die "Mittelbayerische Zeitung" berichtet auf einer halben Seite von unserer Evangelisation. Alles Wesentliche wird erwähnt. Pressearbeit ist wichtig. Nachmittags kommen Polizei und Vertreter der Stadtverwaltung zur Zelthalle. Sie überbringen uns eine Sturmwarnung. Es wird empfohlen, die Zelthalle vorsorglich abzubauen. Im Gebet flehen wir zu Gott. Das Zelt bleibt stehen und unversehrt.

17.7.87 – Ich bin den ganzen Tag damit beschäftigt, die Redaktionen der Zeitungen zu besuchen. Neben unserer Zelthalle auf dem Dultplatz haben wir Nachbarn bekommen. Die bekannte Stuntman-Show Rene Stey gastiert neben uns. Zum Glück überschneiden wir uns zeitlich nicht mit den Veranstaltungen. Ich besuche den Chef der Stuntmangruppe. Mit Artur Meneikis wurde bereits vereinbart, dass wir in der Veranstaltungspause die Showbesucher zu unserer Evangelisation einladen dürfen.

18.7.87 – Vormittags besuche ich den Informationsstand im Einkaufszentrum. Örtliche Mitarbeiter sprechen die Passanten an, laden sie zur Evangelisation ein und verteilen unsere Evangelisations-Zeitungen. Ich komme mit einer älteren Dame ins Gespräch. Sie erklärt mir stolz: "Ich bin alt geworden und mein Leben lang ohne Gott ausgekommen." Meine Antwort: "Dann wissen Sie ja gar nicht, daß Gott sich für Sie interessiert und Sie liebt." Eilig wendet sie sich von mir ab. Ich bin erschüttert. Menschen sind alt geworden und haben das Wichtigste in ihrem Leben nicht mitbekommen. Mission ist notwendig. Friedrich Meisinger hält seinen letzten Vortrag und verabschiedet sich.

19.7.87 – Sonntag. Bärbel Wilde ist bereits gestern nacht angereist. Heute morgen ist sie Studiogast beim lokalen Rundfunksender Charivari. Im Musikprogramm werden geistliche Lieder gespielt. Im Studio kann Bärbel Wilde in der Live-Sendung von der Zeltevangelisation erzählen, zum Thema "Sinnvoll leben - aber wie?" Stellung nehmen und unsere Veranstaltung auf dem Dultplatz bekannt machen. Welche Möglichkeiten ergeben sich doch durch die Massenmedien. Wir sind dankbar, daß es die "Konferenz evangelikaler Publizisten" mit ihrer Aktion "Mehr Evangelium in den Medien" gibt. Bärbel Wilde ist Gründungsmitglied. Während sie im Studio ist, halte ich zwei Gottesdienste. Kindermissionarin Karin Hezel ist eingeladen, den Kindergottesdienst zu halten. Wir sind enttäuscht. Kein Kind ist gekommen. Auch das gehört zur Diaspora-Situation in Regensburg. 95 % der Einwohner sind katholisch. Um 18.00 Uhr darf Bärbel Wilde zu den Besuchern der Stuntman-Show sprechen. Rene Stey begrüßt sie herzlich. Sie findet passende Worte.

Während wir uns die Show ansehen, reisen Zigeuner mit 40 Wohnwagen an und beziehen Quartier auf der anderen Seite der Zelthalle. Jetzt haben wir eine große und schwierige Missionsfront. Unsere Zelthalle steht mitten zwischen Stuntman-Show und Zigeunerlager. Wir besuchen den Bügermeister der "Zigeunerstadt" und laden unsere Nachbarn ein. Abends sind Stuntmen und Zigeuner im Zelt. Zigeunerkinder singen ein Lied in ihrer romanischen Muttersprache. Während das Eingangsgebet gesprochen wird, versucht ein Zigeuner Bärbel Wilde einen Perserteppich zu verkaufen.

Die Stuntman-Show neben der Zelthalle in Regensburg

20.7.87 – Die Zigeunerkinder stören in unserer Veranstaltung. Spontan bietet Karin Hezel ein Zusatzprogramm für die Kinder im Nebenzelt an. Schwester Dorothea Hoba von der befreundeten Mission für Süd-Ost-Europa ist Gast in unserem Zelt. Sie freut sich über unsere Zigeunermission. Auch die erwachsenen Roma im Zelt sind unruhig. Bärbel Wilde sagt: "Sie verstehen nicht alles, was ich in deutscher Sprache sage. Aber etwas verstehen Sie. Den Namen JESUS." Jetzt werden sie ganz still.

Das Zigeunerlager vor unserer Zelthalle

21.7.87 – Gestern habe ich mein Auto vollgetankt. Heute morgen ist der Tank wieder leer. Über Nacht hat jemand mein Benzin gestohlen. Das ist Großstadtsituation. In Zukunft werde ich darauf achten, daß ich den Tank abschließe.

22.7.87 – An einer Straße fehlen plötzlich alle Dreieck-Plakatständer. Die Polizei teilt uns auf Anfrage den Grund mit. Franz Josef Strauß kommt nach Regensburg. Man befürchtet, daß Attentäter Sprengstoff in diesen Ständern verstecken und während der Durchfahrt zünden könnten. Zur Sicherheit des bayerischen Ministerpräsidenten leisten wir einen Beitrag und verzichten auf die Plakatständer.

Artur Meneikis kommt abends mit seinem Kleinbus an die Zelthalle gefahren. Obendrauf ist eine Lautsprecheranlage montiert. Tag für Tag war er damit unterwegs, um einzuladen. Der Lautsprecher ertönt. Artur Meneikis meldet sich zu Wort. Er motiviert die Besucher, noch einzuladen und andere mitzubringen. Als junger Mann war er Diakon der Deutschen Zeltmission. Er hat eine große Liebe zur Zeltmission und steckt voller Ideen. Während der Ansprache von Bärbel Wilde fällt die Verstärkeranlage aus. Die Zigeunerwagen beziehen ihren Strom über unseren Anschluss. Das Stromnetz ist überlastet. Heute sind zahlreiche Professoren und Studenten im Zelt. Wir finden in diesen Tagen besonderen Eingang in die Regensburger Universität.

23.7.87 – Radio Charivari hat eine Reportage aus unserer Zelthalle gesendet. Zwar sind noch nicht alle vorhandenen Stühle besetzt, jedoch der missionarische Wert dieses Einsatzes ist äußerst hoch. Jeden Abend kommen mehr Besucher. Die Mitarbeiter schätzen, daß etwa 70 % Randsiedler der Kirche und vom Glauben an Jesus Christus im Grund weit entfernt sind. Eine so große Zielgruppe habe ich noch nie erlebt. Der Gesang ist kümmerlich. Sonst bekannte Choräle werden kaum gesungen, sind hier völlig unbekannt. Seit gestern ist die Nachfrage nach Seelsorge groß. Bärbel Wilde stellt immer wieder fest: "Hier ist alles singulär."

Peter Hahne hat heute nachmittag einen wichtigen Filmbeitrag für das "heute-journal" fertiggestellt. Er berichtet über die Situation der Rußlanddeutschen. Vom Frankfurter Flughafen meldet er sich kurz telefonisch. Er schafft es noch gerade rechtzeitig, zu seinem Vortrag zu kommen.

*Fernseh-
redakteur
Peter Hahne*

24.7.87 – Artur Meneikis erzählt noch einmal von der Vorbereitungsphase. Er ist so dankbar, daß bereits während dieser Zeit neue Mitglieder zur Landeskirchlichen Gemeinschaft gekommen sind. In einer riesigen Aktion wurden 110 000 unserer Zeitungen verteilt und 2 100 Plakate angebracht. Die Werbung war bereits Mission, denn unsere Sonderzeitung transportiert Evangelium zu den Menschen. Eine Mitarbeiterin hat ihre Urlaubsreise nach Finnland abgesagt, um in der Tee-Ecke mithelfen zu können. Wir sprechen die Menschen auf der Strasse an und stellen fest, daß fast alle über die Evangelisation informiert sind. Die Werbung war richtig angesetzt.

25.7.87 – Karin Hezel hält ihre letzte Kinderstunde. Der Einsatz hat auch ihre Kraft gefordert. Jeden Vormittag war sie in den Schulen, nachmittags Kinderstunden im Zelt, abends zusätzliche Betreuung der Zigeunerkinder. Danke, liebe Karin, der Dienst ist nicht vergeblich. Nun darf sie nach Siegen fahren und nächste Woche ihre neue Wohnung beziehen.

Hartmut Knierim, ein Regensburger Unternehmer, hat uns in der "Mittelbayerischen Zeitung" den bestplazierten Anzeigenplatz seiner Firma zur Verfügung gestellt. Die Anzeige ist nicht zu übersehen. Danke für diesen Beitrag.

Am Nachmittag bekomme ich mehrere Telefonanrufe. Einige Freunde äußern sich beeindruckt über Peter Hahnes Filmbeitrag im "heute-journal" vom Donnerstag. Er hat die Verfolgung der

Christen in der Sowjetunion deutlich zur Sprache gebracht. Peter Hahne nutzt jede Gelegenheit, um Evangelium in seine Fernsehbeiträge einfließen zu lassen.

Abends die vorletzte Veranstaltung in der Zelthalle. Das Klatschen der Besucher – sogar nach dem Gebet – ist befremdend. Es ist aber Beweis dafür, daß viele außenstehend sind. Nach dem Vortrag kommt ein etwa 40jähriger Mann zu mir. Ich erkenne ihn wieder. Gestern haben wir in einem Restaurant nach dem Abendessen kurz miteinander gesprochen. Er beginnt zu erzählen:

"Vor kurzem bin ich Christ geworden. Ich hatte nicht den Mut, Jesus zu bekennen. Die Zeltevangelisation hat mir Mut gemacht. Am Büchertisch habe ich mir das rote Abzeichen "Jesus lebt" mitgenommen und es mir angesteckt. Gestern bin ich zu meinem ehemaligen Stammtisch, an dem ich jahrelang Skat gespielt und Bier getrunken habe, zurückgekehrt, um meinen alten Freunden zu erzählen, daß ich Christ geworden bin und daß mein Leben neu geworden ist." Unser langjähriger Vorsitzender, Pfarrer Paul Deitenbeck, wird sich über dieses Erlebnis besonders freuen. Er hat die Anstecknadel "Jesus lebt" " auf den Markt gebracht" und sie uns kostenlos mit ins Zelt gegeben.

Morgen ist der letzte Tag der Evangelisation. Die Besucherzahl ist von Tag zu Tag gestiegen. Morgen ist mit einem Besucherrekord zu rechnen. Sicher müssen zusätzlich Stühle gestellt werden. Peter Hahne und ich haben uns vorgenommen, einen ausgedehnten Spaziergang zu machen.

Die Eindrücke müssen verarbeitet werden. Der Zelteinsatz in Regensburg war ganz anders als andere Einsätze, der missionarische Wert außergewöhnlich hoch. Den örtlichen Mitarbeitern ist zu danken für ihr Engagement. Für sie bleibt die wichtige Aufgabe der Nacharbeit. Verschiedene Aktionen, darunter mehrere Wohnzimmergespräche, sind geplant. Wir haben die frohe Gewißheit, daß Gottes Wort wirkt. Evangelisation ist Saat auf Hoffnung.

Finanziell gesehen wird uns der Einsatz vor neue Schwierigkeiten stellen. Die hohen Kosten stehen in keinem Verhältnis zu den niedrigen Kollekteneinnahmen. Wir befehlen uns der Güte Gottes an.

Die Zelthalle wird für einige Wochen eingelagert, und die Zeltmannschaft hat eine wohlverdiente Pause. Zeltmeister Günter Ermert und Zeltdiakon Wilfried Duin haben 4 x 15 Tage Einsatz hinter sich. Das bedeutet neben der langen Trennung von der Familie äußerste Kraftanspannung. Herzlichen Dank den beiden Mitarbeitern. Nach einigen Urlaubstagen warten technische Aufgaben in der Zentrale in Siegen auf sie.

Pfarrerin Bärbel Wilde lädt während der Stuntman-Show zu den Zeltabenden ein.

Die nächste Großevangelisation ist in Berlin. Johannes Hansen und Peter Hahne werden sprechen. Bitte beten Sie für diesen Einsatz. Er ist wahrscheinlich die größte Aufgabe, die uns je gestellt wurde. Danke für Ihr betendes Begleiten unseres Dienstes.
Franz Bokelmann (aus Zeltgruss der DZM 5/1987)

Ein Arbeitsbericht:

Meine Oma lernt noch mit!

Die ersten Zelteinsätze in diesem Sommer sind schon wieder vorbei. Viele Kindergesichter habe ich gesehen und viele Kinderstimmen gehört. Manche Begegnungen haben sich mir besonders eingeprägt. Von einigen Kindern will ich Ihnen heute erzählen. Während ich mein Material für die erste Kinderstunde richte, schaut ein Mädchen neugierig zum Zelt herein. Es ist *Maike*; sie geht in die dritte Klasse. Ich sage ihr, daß sie noch etwa eine halbe Stunde warten muß, bis es richtig losgeht. "Nein, ich kann nicht kommen", sagt sie. Heute nachmittag hat sie Sport. Ich will sie für den nächsten Tag einladen. Da ist Tischtennis dran, am Mittwoch

Flöten, am nächsten Tag wieder etwas anderes. Nur am Samstag kann sie vielleicht kommen.

Anke ist jeden Nachmittag beim Schülertreff dabei. Sie ist eine der Eifrigsten beim Lernen von Bibelversen. "Meine Oma lernt die Verse mit", erzählt sie, "aber ich kann es meist schneller." *Sebastian* ist sehr lebhaft. Er fällt mir schon am ersten Tag mit seinen Zwischenbemerkungen auf. Wir singen "Mein Gott ist so groß". Er murmelt vor sich hin: "Wieso mein Gott. Gott gibt es doch überhaupt nicht." Sebastian kommt jeden Tag. Er ist voller Fragen. *Daniela* kommt zu beiden Kinderstunden. Sie ist bei den Jüngeren und Älteren dabei. Auch danach geht sie nicht nach Hause. Sie will mir beim Aufräumen helfen. Als es schon spät ist, frage ich: "Du mußt doch sicher zum Abendessen nach Hause?" Sie antwortet: "Ich habe keinen Hunger." – "Vielleicht wartet deine Mutter auf dich", werfe ich ein. "Nein, Mutti ist nicht da. Sie ist schon drei Monate zur Erholung weg, und Vater kommt erst spät nach Hause."

Christian kommt am Wohnwagen vorbei. "Ich muß unbedingt noch Zettel haben", sagt er, "da hinten ist ein Mehrfamilienhaus, und ich habe nur noch eine Einladung. Die reicht mir dafür nicht." Ich freue mich über seinen Eifer und gebe ihm noch einen ganzen Stapel Einladungszettel dazu. Später begegnet er mir wieder auf dem Fahrrad: "Jetzt habe ich nur noch eine Einladung, die nehme ich morgen noch mit zur Schule!" Am Ende der Kindernachmittage kommt *Petra* auf mich zu und fragt: "Gibt es Jesus eigentlich wirklich echt?" Ich versuche, ihr zu erklären, daß man ihn nicht sehen kann, aber daß er wirklich da ist. "Dann muß ich das meinem Papa nochmal sagen," meint sie und verabschiedet sich.

Ein Pfarrer wollte ganz besonders zu den Kindernachmittagen einladen und erzählte ein Beispiel aus seiner Gemeinde: Ein Junge kommt vom Kindergottesdienst nach Hause und berichtet beim Mittagessen ganz begeistert von der spannenden Geschichte. "Du, Papa, hast du eigentlich auch den Heiland lieb?" fragt er seinen Vater. Der legt den Löffel zur Seite, wird ganz bleich und kann seinem Sohn keine Antwort geben.

Daß Kinder und Erwachsene sagen können: "Ich hab' den Heiland lieb", darum geht es bei unseren Veranstaltungen im Zelt. Danke, wenn Sie dabei mithelfen und dafür beten.
Karin Hezel   (aus Zeltgruß der DZM)

Ein Dankesbrief

Lieber Peter!

Wie dankbar sind wir dem Herrn für diese Zeltabende! Der Einsatz der vielen, vor allem auch jugendlichen Helfer und Mitarbeiter hat sich gelohnt. Wir sind reich beschenkt worden. Dieser Zelteinsatz war wohl im göttlichen Terminkalender vorgemerkt. Denn für den ersten Abend lautete die Losung: "Ich will noch mehr zu der Zahl derer, die versammelt sind, sammeln!" (Jes 56,8). Eine große Verheißung, die uns auch in der Vorbereitung sehr ermutigt hat. Gott macht Maßarbeit. Das haben wir einige Tage später erfahren, als wir innerhalb von wenigen Stunden Ersatz für den plötzlich erkrankten Fokke Busboom suchen mußten. Aber es gab eigentlich niemanden, der besorgt war: Ein Mädchen aus dem Jugendkreis meinte: "Ich bin gespannt, was Gott jetzt aus dieser Lage macht!" Und es ist wahr: als Jünger Jesu schwimmen wir auf der Arche, nicht auf der Titanic, also kein Grund zur Panik. Der erste Abend konnte gehalten werden, weil Gernot Kunzelmann, Missionsdirektor der Fackelträger, seine Rückreise nach Österreich um einen Tag verschob. Danach hatte Martin Homann, der Präsident von Jugend für Christus, "zufällig" zwei Abende frei, am Sonntagabend durften sich dann viele Bünder auf ein Wiedersehen mit Bärbel Wilde freuen. Ja, und dann: Anfang und Abschluß lagen nun ganz in Deiner Hand. An dieser Stelle herzlichen Dank für alle Hilfe!

Alles in allem – göttliche Maßarbeit. Auch der inhaltliche rote Faden in der Verkündigung riß nicht ab, ganz im Gegenteil: Wie in einem Mosaik fügte sich alles wunderbar ineinander. Das Zelt füllte sich von Abend zu Abend mehr, viele Besucher kamen aus

Evangelist Peter Knop, Pfarrer Eckehard Hörster und Missionsdirektor Gernot Kunzelmann

dem Raum Bünde. Rückblickend wirklich eine gesegnete Zeit, Zeltabende mit einer auffallend gelösten und fröhlichen Atmosphäre. Christen sind im Grunde die einzigen, die wirklich etwas zu lachen haben. Oder anders ausgedrückt: Humor ist die Schwester des Glaubens. Auch die Tee-Ecke (pardon: Tee-Runde, im Rundzelt) fand guten Anklang. Rundherum nur positive Echos. Manch einer war traurig, als das Zelt nach Ostfriesland weiterzog. Erfreulich auch, daß unter den Besuchern auch solche zu finden waren, die das erste Mal Zeltluft schnupperten. Einzelne haben den Weg zu Jesus gefunden, andere sind geistlich aufgewacht, für uns Mitarbeiter und die Christen vom Ort war diese Zeit eine intensive Stärkung und Ermutigung.

Für uns ist mit dem Zelt der Einsatz nicht zu Ende. Denn die Verheißung der Losung vom 4.5.88 gilt weiterhin. Jesus will zur Gemeinde dazutun, und wir dürfen ihm als seine Werkzeuge dabei zur Verfügung stehen. Diese Verheißung gilt für alle Einsätze der DZM in diesem Sommer. Wir stehen betend hinter Eurer Arbeit. Und vielen Dank für alle Hilfe. In diesem Sinn: Gottes reichen Segen für allen Dienst in den Zelten. "Komm(t) doch bald wieder!"

Es grüßt Dich ganz herzlich

Dein Eckehard Hörster   (aus Zeltgruss der DZM)

Schweizerische Zeltmission

Die Geburtsstunde der Zeltmission

Der interessierte Leser wird sich fragen, wann und wie es dazu kam, in einer damals recht unkonventionellen Weise die "Kirche" auf die Straße zu tragen. Am Ende des 19. Jahrhunderts hatte es Gott selbst einem gut zwanzigjährigen, jungen Mann aufs Herz gelegt, möglichst viele entkirchlichte Menschen mit dem Evangelium von Jesus Christus zu erreichen. Jakob Vetter hieß dieser unerschütterliche Zeuge Jesu. Eine glühende Retterliebe erfüllte sein Herz. Sie trieb ihn immer wieder ins Gebet für eine verlorene Menschheit.

Doch lassen wir ihn selbst zu Wort kommen, den Studenten an der Missionsschule der Pilgermission St. Chrischona bei Basel (aus: Vetter, "Gottes Fußspuren in der Zeltmission" 1907):

"Es war wohl im Sommer 1895, als ich eines Nachmittags, wie ich damals oft getan, hinter der stillen Chrischonakirche sinnend und betend hin und her wandelte. Für mich wurden viele Augenblicke ein Denkmal der Barmherzigkeit Gottes und die Geburtsstunde der Zeltmission. Nie werde ich sie vergessen! Die Blumen aus dem wohlgepflegten Garten dufteten so angenehm, die wogenden Kornfelder und die scháttigen Bäume mit ihren gefiederten Sängern, alles das regte den Geist zum Loben und Danken und gab mir neue Impulse des Schaffens und Werdens.

Seit einigen Wochen war mein Inneres sehr bewegt über die Armut und Not des christlichen Lebens meines Volkes. Immer mußte ich beten um eine tiefgehende Erweckung, und mein Herz erwog oft den Gedanken, wie es möglich sei, die großen Volksmassen zu evangelisieren. Lautet doch der Befehl des Meisters:

'Predigt das Evangelium aller Kreatur'. Daß dieser Befehl nicht genügend erfüllt wurde in Deutschland, beweist der traurige Stand unserer Christenheit. Gottlosigkeit, Roheit, Sittenlosigkeit, Genußsucht, Aber- und Unglauben hat in allen Klassen zugenommen, und das Schlimmste von allem ist, daß man sich an diese traurigen Dinge gewöhnt hat. Das Gewissen unseres Volkes ist eingeschlafen und die Wächter auf Zions Mauern trösten: 'Es ist Friede, es hat keine Gefahr!'"

Die "Gute Nachricht" muss unter die Leute
In einer Zeit, als es kein Radio und Fernsehen, keine Meinungsforschungsinstitute und kein "idea-Magazin" gab, in denen Ereignisse und Entwicklungen kritisch hinterfragt wurden, mag es erstaunen, wie das wache Auge des Glaubens der Gottesmänner sensibilisiert war, ihre Zeit, aber auch die religiöse Welt im Licht Gottes zu durchleuchten und zu beurteilen. In der Konfrontation mit den Zeiterscheinungen bereitet Gott seine Werkzeuge zu. Jakob Vetter schreibt:

"Die großen Massen unseres Volkes wälzen sich wie ein breiter Strom dem Meere des Todes zu. Viele Kirchen, Kapellen und Vereinshäuser sind schwach besucht, manche fast leer. Unsern Modernen gefallen die Kirchen im römischen und gotischen Stil nicht mehr. Sie haben keinen Geschmack für durchbrochene Türme, bunte Fenster, hohe Säulen, mächtige Gewölbe, fein ausgestattete Altäre, brennende Kerzen, geschnitzte Kanzeln und mächtige Orgeln. Das war einmal! Nicht als ob unser Volk poesielos geworden wäre, nein – aber jene träumerisch unbewußte Weihrauchstimmung des Mittelalters hat die Macht und Anziehungskraft bei ihm verloren. Heute kommt es vor, daß evangelische Gemeinden mit 30 000 Gliedern an einem Kirchlein mit 500 Sitzplätzen genug haben. Wir kennen eine Kirchgemeinde von 100 000 Gliedern, von denen am Sonntag etliche 30 in die Kirche gehen. Ist das nicht eine große Not? Man müßte blutige Tränen weinen. Hier ist ein Versäumnis und eine Verschuldung der Christenheit. Wollen wir in Wahrheit Christen sein, dann müssen wir etwas tun. Es darf nicht mehr gefragt werden: 'soll man?', 'darf man?' Wir müssen! "Wehe mir, wenn ich das Evangelium nicht predige!" Zum Predigen gehören luftige, helle, akustische Versammlungsräume. Predigen unter freiem Himmel und auf der Straße ist ja verboten bei uns, und man bekommt nur unter gewissen Bedingungen und Umständen die Erlaubnis. Die Welt hat große Theater-, Opern-, Ball- und Konzertsäle, doch diese sind dem Evangelium verschlossen. Es gelingt einem ja manchmal, einen solchen Raum um teure Miete zu belegen, aber man fühlt sich in den Palästen Babels und in den Hallen Kedars und Mesechs nicht wohl. Obwohl die ganze Welt dem Herrn Zebaoth gehört, so dünkt es einem doch, als sei man auf fremdem Grund und Boden, wenn man in einem Theater das Evangelium predigt. Wo sind die Versammlungshallen, in denen man 3 000 - 10 000 Menschen sammeln kann? Das war für mich in jener Stunde eine heisse Frage.

Predigt ohne "Kanzelfeierlichkeit"
Dazu kam noch eine zweite: welches ist die rechte Predigtart für unsere entchristlichten Volksmassen. Die Predigtmethode, wie sie von vielen Pfarrern und Predigern gehandhabt wird, nach dem Prinzip des memorierten Manuskripts ist nicht gut. Warum? Der Hörer kennt das Manuskript nicht, er hat kein graphisches Bild vor Augen, darum muß der ihm gebrachte Gedanke äußerst plastisch sein. Beruht das Sprechen auf einem gelernten Manuskript, so hat der Prediger eine solche Fülle von Punkten, Gedanken, Bildern gedächtnismäßig aufgestapelt, die er auf der Kanzel reproduziert, daß die tiefwirkenden Knotenpunkte meist nicht so wuchtig dargestellt werden, daß der Hörer sie behalten könnte. Dazu kommt, daß solche Predigten oft so zierlich herausgemeißelt sind. Die Predigt für Volksmassen verlangt große Linien. Sie muß fresko-artig sein, daß die Hauptgedanken wie gehämmert im Gedächtnis des Hörers festgelegt werden. Soll dieses geschehen, dann muß der Prediger frei ohne Manuskript sein. Um frei sprechen zu können, ohne in Allgemeinheiten und Wiederholungen zu fallen, gehört unablässig Versenkung in die

Schrift, und zu diesem gehört ein Freisein für fortgesetztes Studium. 'Ein Prediger muß zuerst im stillen Gebet sich erwerben, was er in der Rede hernach vorträgt', sagt Franz von Assisi. Der große Evangelist Whitefield hatte deshalb so viel Erfolg unter den Menschen, weil er ein Mann des Gebets war und die Gewohnheit hatte, die Bibel auf den Knien zu lesen. Er war von der Tatsache durchdrungen, daß er weder das Wort Gottes verstehen, noch es andern mitteilen könne, ohne daß der Heilige Geist ihm beides werde, Licht und Salbung. Eine Predigt hatte solche göttliche Kraft, daß mitunter 30 000 Zuhörer in atemloser Spannung an seinen Lippen hingen und Tränen über die Wangen der rauchgeschwärzten Bergleute von Kingswood flossen. Aehnliches finden wir im Leben des Evangelisten Finney. Er ließ sich seine mächtigen Botschaften auf den Knien schenken.

Georg Müller empfing so viel Licht und Leitung, weil er Gottes Wort auf den Knien las, und fand großen Segen im stundenlangen Nachdenken und Gebet über die Bibel. Man könnte fragen, ob die äußere Stellung etwas ausmache. Eins ist gewiß, daß der, der auf den Knien vor dem Worte Gottes liegt, mehr als ein anderer von tiefem Ernst und heiliger Ehrfurcht durchdrungen wird.

Eine Predigt, die man auf den Knien erworben hat, ist voll Tiefe, Salbung und Lebenskraft, also 'nicht allein in Wort, sondern auch in der Kraft und in dem Heiligen Geiste und in der Vollgewißheit'. Da braucht man den feierlich sentimentalen Stil nicht und auch nicht die graziös ausgebauten Gedankenketten, denn die Predigt, welche Gott segnet, 'besteht nicht in vernüftigen Reden menschlicher Weisheit, sondern in Beweisung des Geistes und der Kraft'. Jede Art von Kanzelfeierlichkeit mit all ihrer affektierten Andacht, welche vor Gott Heuchelei ist, fällt weg. Der Mann, der unsere Masse beeinflußt, hat keinen Honig mehr in seinem Munde und kann keine schönen Worte drechseln, aber er kann das Wort der Wahrheit teilen, das Schwert scharf ziehen, den Pfeil wacker losschnellen und weiß mit Verstand unserem Immanuel Kriegsbeute zu machen. Wo sind solche

Evangelisten? Das war meine zweite Frage in jener heiligen Stunde.

Der gebotene Schulterschluß
Zu dieser zweiten gesellte sich noch eine dritte Frage. Ist die Art, wie man in Deutschland schon evangelisiert, die rechte? Jede Kirche und jede Gemeinschaft evangelisiert für sich selbständig und in dieser Weise unabhängig von anderen. Ist das Gottes Wille? Was sagt die Schrift? Wenn Israel gegen die Feinde Gottes zog, dann machten sich alle auf. Juda ging voran, und Dan bildete mit seinen Männern den Hinterhalt der Armee. Kein Stamm, ja kein Mann durfte fehlen. Als einmal nicht alles Volk in die Schlacht zog, da wurden sie geschlagen, und sie flohen vor den Männern zu Ai. Ach, wie viele Niederlagen hat es schon in der Evangelisation gegeben, weil das Volk Gottes nicht wie ein Mann gegen seine Feinde zog. Evangelisationen sind Geisterschlachten, die nur dann siegreich geschlagen werden, wenn Gottes Volk Schulter an Schulter miteinander kämpft. 'Dabei wird jedermann erkennen, daß ihr meine Jünger seid, so ihr Liebe untereinander habt', sprach Christus. Ist das Liebe, wenn die Landeskirche für sich evangelisiert und die Baptisten für sich das Netz auswerfen und die Methodisten und andere Gemeinschaften auch ihre eigene Sache treiben? Liebe ist da, wo man sich respektiert und anerkennt als Glieder an dem Leibe Christi, sich trägt und miteinander Gottes Werk treibt, ohne Neid und Streit. Wenn aber etliche Christus um Neides und Haders willen predigen, 'Parteiinteresse und andere Unlauterkeit im Auge haben', etliche aber in guter Meinung ohne Zank, aber auch ohne sich nach den anderen Gemeinschaften zu kehren, so kann nicht viel Frucht für Gott geschafft werden.

Wie anders kann Gott segnen, wo alles Volk eins ist, 'ein Herz und eine Seele und keiner sagt von seinen Gütern, daß sie sein wären'. Die großen Versammlungen unserer Brüder in England beweisen dies genügend. Moody ging an keinen Ort, an dem die Gläubigen sich nicht zu der Arbeit zusammenschlossen. Das ist auch der Grundsatz des gesegneten Evangelisten Dr. Torrey, und darinnen ist das Geheimnis seines großen Erfolges. Wenn es in England und Amerika möglich ist, daß Gottes Volk aller Denominationen sich die Hand reicht zu einer gemeinsamen Aktion gegen Hölle und Welt, warum soll das in Deutschland nicht auch möglich sein? Gewiß ist es möglich, aber wo? In der Landeskirche ist es nicht möglich in dieser Weise zu evangelisieren, und die Versammlungsorte der Freikirchen sind zu klein. So dachte ich damals.

Gott konzipiert den Bauplan
Während mein Geist tief beschäftigt war mit diesen Fragen, erfuhr ich etwas Seltsames. Eine Vision und doch keine Vision sah ich. Ich schlief nicht und träumte nicht, sondern ich ging hin und her, und doch sah ich in meinem Geist ein großes Zirkuszelt vor mir stehen. Als ich dieses Gesicht sah, war es mir, als flüsterte mir jemand zu: Das ist ein Ort, in welchem du die Massen des Volks unterbringst und einen gemeinsamen Boden für alle Kinder Gottes bereiten kannst. Das merkwürdigste an der Sache war, daß ich den ganzen Zeltbau mit seiner inneren Einrichtung sah. Niemals hätte ich alles so ausdenken können, wir mir das Bild auf dem Berge gezeigt wurde. Damals lernte ich das Wort des Herrn zu Mose verstehen: 'Sie sollen mir ein Heiligtum machen, daß ich unter ihnen wohne. Genau nach dem Bild, das ich dir von der Wohnung ihrem ganzen Gerät zeige, sollt ihr's machen' (2. Mose 25, 8.9).

Mit Staunen und Furcht suchte ich die Sakristei der Kirche auf und hatte kostbare Augenblicke der Begegnung mit dem Herrn, Augenblicke der Weihe, da mir der Gnädige Verheißung seiner Gnade, Liebe und Treue zusicherte. So wurde die Zeltmission von dem liebevollen Herrn geschenkt. Damals wußte ich noch nicht, daß man in England und Amerika schon früher das Wort Gottes in Zelten dem Volke predigte. Erst später erfuhr ich dieses. Als ich in England war, sah ich auch einmal eine Zeltmission, aber alles war sehr verschieden von dem, das ich sah. Ich merkte, daß der Herr mir viel praktischer alles gezeigt hatte, als es bei den Engländern war.

Nach dieser Erfahrung verging eine kurze Zeit, dann teilte ich meine Gedanken meinen jungen Freunden mit. Etliche waren verwundert, die anderen meinten, es sei unmöglich in Deutschland eine Zeltmission zu gründen, die Obrigkeit würde so etwas nicht dulden, und die dritten warnten mich vor Extravaganzen, die leicht zu Schwärmereien führen könnten. Diese Urteile meiner Freunde wirkten wie eine kalte Dusche.

Doch der Herr hatte etwas in mich gelegt und 'das war in meinem Herzen, wie ein brennendes Feuer' (siehe Jer 20, 9). Man kann den Geist dämpfen – 'aber die Flammen des Herrn vermag viel Wasser nicht auszulöschen und Ströme ersäufen sie nicht'. Die kühle Kritik meiner Freunde tat mir sehr gut. Verschiedene Lektionen mußte ich lernen:

1. Es ist nicht gut, wenn man seine Erfahrungen gleich anderen mitteilt, sie verlieren ihren zarten Duft. Jede Erfahrung bedarf der Reinigung und Befestigung. Das Herz ist ungeduldig und will alles gleich ruchbar machen. Jede neue Erfahrung gehört in das Schatzhaus des Heiligtums. Diese Lektion hat mich später in der Arbeit vor vielen voreiligen Bekanntmachungen von inneren Dingen bewahrt. O, mancher Bruder würde sich viel Leiden, Hohn und Spott ersparen, wenn er keuscher mit göttlichen und inneren Dingen umgehen würde. Auf Gottes Wegen geht es oft langsam und durch viel Läuterungsfeuer. Mose mußte 30 Jahre in der Wüste warten, ehe er Befehl empfing, Israel zu befreien. Saul von Tarsus mußte drei Jahre nach Arabien, bevor er als Evangelist in alle Welt gesandt wurde, und Jesus, der Geliebte des Vaters, durfte erst im 30. Jahr sich der Welt als Messias offenbaren. Gott ist nicht eilig. Er ruft den Voreiligen zu: 'Meine Zeit ist noch nicht da!'

2. Eine andere Lektion war, daß ich für dieses Werk von Menschen unabhängig bleiben müße. Gott erzog mich von der ersten Stunde darin, daß er Vater, aber auch Herr der Zeltmission sein wolle. Sein Wort der Liebe tat mir so wohl und ist mir schon oftmals in Trübsal, Armut und Schmach ein sicherer Stab gewesen: 'Ich will dich nicht verlassen noch versäumen'. Wenn ich in den Zeiten der Not mich an Menschen hängen wollte, so ließ

mich Gott ernst fühlen durch seine heilige Hand, daß er die Ehre haben wolle, daß man ihm glaube, wo nichts zu hoffen ist. Ach, die Freunde, auch die teuersten, können einem auf den göttlichen Pfaden oft nicht folgen. Ihr Denken ist vielfach menschlich, aber nicht göttlich. Sie können uns auf den Weg der Sorge und des Unglaubens leiten. Um dieser Gefahr zu entgehen, muss man sich an Gott halten mit allen Fasern seines Wesens. Dies gilt besonders, wenn er Wege mit einem geht, die man nicht gegangen wäre und die auch den Freunden fremd geblieben sind.

Dies lernte ich, als ich stille wurde und all meine Erfahrungen, Gedanken und Ideale in das Heiligtum brachte und Gott als Opfer zurückgab. Es dauerte ja noch sieben Jahre, bis mein Gesicht Gestalt und Wesen annahm. Diese sieben Jahre aber gehören zu den kostbarsten meines Lebens. Es ging hinab bis in das Tal der Todesschatten und da gab es noch tiefe Reinigung von allem fleischlichen Wollen, Denken und Arbeiten. 'Gott hat mich mit Menschenruten gezüchtigt und mit Schlägen der Menschen gestraft' (siehe 2. Sam 7, 14).''

Aus dem Leben und Werk des Gründers:

Jakob Vetter

Die Deutsche und die Schweizer Zeltmission ist ohne Jakob Vetter nicht zu denken. Er war das von Gott auserwählte Rüstzeug, das beide gesegnete Missionswerke Anfang des 20. Jahrhunderts ins Leben gerufen hat. Die Dinge, die Jakob Vetter aus seiner Kinder- und Jugendzeit berichtete, lassen sofort erkennen, daß er eine recht schwere Jugend erlebte und viel gelitten hat. Am 23. November 1872 in der alten, ehemaligen Reichsstadt Worms am Rhein geboren, war er das älteste Kind seiner Eltern. Vetter schreibt später: "Mein Vater und meine Mutter waren arme, aber rechtschaffene Leute. Sie ernährten sich redlich durch ihrer Hände Arbeit."

Kaum drei Jahre alt, verlor Vetter seine geliebte Mutter. Bereits mit 14 Jahren wurden ihm und seinen Geschwistern der inzwischen gläubig gewordene Vater und nur sechs Wochen später seine zweite Mutter durch den Tod entrissen. Damit zogen dunkle Schatten über das Kinderleben. Er selber schreibt über seine Kindheit mit bewegtem Herzen: "In meiner Kindheit erlebte ich viel Leid, Tränen, Schläge, Lieblosigkeit und all das Elend, das zum traurigen Los armer, mutterloser Kinder gehört." Mit neun Jahren verdiente er seinen Lebensunterhalt für Brot und Kleidung selbst. Bis zu seinem 12. Lebensjahr war er in Glaubensfragen völlig unwissend und berichtete selber von seiner Jugendzeit: "Ich fürchtete mich vor niemandem." Ein ernüchterndes Erschrecken traf sein bis dahin verhärtetes Herz, als er eine Frau zu seiner Mutter sagen hörte: "Wissen Sie schon, daß dieser Bub für das Zuchthaus ausreift?" Tröstlich ist es zu sehen, daß Gott es in seiner Gnade anders beschlossen hatte. Jakob Vetters Vater sprach kurz vor seinem Tode zu seinem Sohn ein prophetisches Wort: "Du aber, Jakob, wirst ein Diener des Allerhöchsten werden. Gib dich Ihm hin und bleib Ihm treu bis in den Tod."

Es dauerte aber noch fast 3 Jahre, bis Vetter sein junges Leben rückhaltlos dem Herrn übergab. Auf einem Pfälzer Volksfest, während seine Kameraden tanzten und er ihnen den Wein hütete, wurde er plötzlich von einer großen inneren Unruhe weggetrieben. Vetter floh in seine Dachkammer. Unter schrecklichen Kämpfen, Tränen und Selbstmordgedanken verbrachte er die Nacht. Er berichtet: "Mein ganzes Leben lag vor mir wie ein offenes Buch. Alles war unrein!"

Am Morgen legte er sein 17jähriges Leben für Zeit und Ewigkeit in das Erbarmen Gottes. "Da plötzlich brach das Licht in meiner Seele durch", schrieb er in Erinnerung an diese Stunde. Er empfing die Gewißheit: Dir sind deine Sünden vergeben. Vetter schließt diese Erinnerung mit dem beglückenden Bekenntnis: "Mein Geist fing an zu triumphieren. Ich fand den, den meine Seele liebt."

Sogleich begann er, seinem Heiland und Herrn zu dienen, las mit anderen jungen Männern die Bibel, verteilte Traktate und diente als treuer Zeuge.

Bald wurde er von "Vater Greiner" auf Evangelisationsreisen mitgenommen und nach und nach "in das Zentrum des Lebens geführt". Doch war das alles nur der Anfang. Der Leitung des Heiligen Geistes folgend, bewarb Vetter sich im März 1893 um die Aufnahme an die Pilgermission St. Chrischona bei Basel. Im selben Jahr wurde er aufgenommen. Über diesen Bescheid freute er sich sehr und schrieb darüber: "Der Augenblick, der die Botschaft brachte, daß ich als Schüler der Pilgermission aufgenommen sei, gehört zu den beglückendsten meines Lebens. Alle meine Ideale schienen nun erfüllt zu werden." Er schließt seinen Bericht mit einem Gelübde: "Herr, nochmals dein Wille geschehe. Jakob Vetter, zwanzig Jahre alt, gehört jetzt dir, lieber Herr Jesus, von nun an bis in Ewigkeit sei dein Name gepriesen. Amen."

Nach zweijährigem Aufenthalt auf St. Chrischona stellte sich eine ernste Lungenkrankheit ein, und Jakob Vetter bekam dadurch lebenslang einen "Pfahl im Fleisch". Wiederholte starke Blutungen brachten ihn an den Rand des Todes. Vielleicht gab ihm gerade dieses "ständig vom Tode gezeichnet sein" einen besonderen heiligen Eifer und Schwung in seinen Dienst. Immer stand der Gedanke vor ihm: "Das könnte meine letzte Predigt sein." Als Mann an der Pforte zur Ewigkeit rang und arbeitete er mit seiner letzten Lebenskraft um verlorene Seelen. Tausenden ist er ein Wegweiser zum Herrn Jesus geworden.

Als Jakob Vetter 1897 nach vierjähriger Ausbildung sein geliebtes St. Chrischona verließ, gingen noch 5 Jahre ins Land, bis auf deutschem Boden das erste Zelt seiner Bestimmung übergeben werden konnte. Am 27. April 1902 konnte auf einer Anhöhe bei Mühlheim a.d. Ruhr das erste Zelt auf dem europäischen Festland für den Evangelisations- und Missionsdienst die Arbeit aufnehmen.

Um den vielen Rufen aus der Schweiz Rechnung zu tragen, wurde endlich auch ein Zelt für die Schweiz in Auftrag gegeben. So entstand die Schweizerische Zeltmission. Dieses große und schöne Zelt wurde am 5. August 1906 in Rämismühle eingeweiht. Das über 2 000 Personen fassende Zelt war vom ersten Tag an gefüllt. Hunderte standen noch herum und hörten zu. 800 Sänger halfen mit mächtigen Gesängen den großen Namen Gottes und Jesus zu preisen.

Jakob Vetter war unermüdlich unterwegs. Trotz seines geschwächten Gesundheitszustandes gönnte er sich keine Ruhe. Erst 45jährig, rief ihn der Herr von dem Erntefeld ab in die ewige Herrlichkeit.

Seine Gattin, Frau Maria Vetter-Baumann charakterisierte sein Leben des Dienstes in einem Nachruf folgendermaßen: "Jakob Vetter war vom Herrn ausgerüstet für den Zeltdienst. Er predigte das Wort und nur das Wort. Dasselbe legte er mit grosser Klarheit aus. Wenn man ihn Buße predigen hörte, mußte man sich für oder wider Christus entscheiden. Er wurde ein Werkzeug in Gottes Hand, das er gebrauchen konnte. Er schaute auf die Winke seines Herrn und führte sie aus."

Schweizerische Zeltmission
Die eigentliche Geburtsstätte der Schweizerischen Zeltmission liegt in Rämismühle im Tösstal, Kanton Zürich. Vetter selbst berichtete: "Von einfachen, teuren Glaubensgeschwistern, die im stillen, demütigen Glaubensgehorsam aufopfernder Liebe ihrem Gott lebten, ist das Asyl Rämismühle gegründet worden." Vetter stand mit den leitenden Geschwistern, unter ihnen der Hausvater Georg Steinberger, in herzlicher Verbindung. Er selbst durfte bei verschiedenen Aufenthalten in Rämismühle durch Gottes Gnade an Leib und Seele aufgerichtet und gestärkt werden.

Diese Schweizer Brüder trugen immer wieder den Wunsch an ihn heran, auch für die Schweiz ein Missionszelt anzuschaffen. Vetter berichtet: "Wir erwogen die Sache lange vor dem

Gnadenthron Gottes und fingen an, den Herrn um Mittel für den Bau desselben anzulaufen." In dieser Zeit kam das Wort des Herrn deutlich und bestimmt zu ihnen: "...so tu, was dir vor die Hände kommt; denn Gott ist mir dir" (1. Sam 10, 7). Mit diesem Gotteswort ging man getrost und freudig, voll Glaubens und mit Gott rechnend ans Werk. Von allen Seiten flossen nun Gaben für ein Schweizerisches Missionszelt zusammen. Andere trugen das Anliegen auf betendem Herzen. Das neue Zelt wurde bei der Firma Stromeyer in Kreuzlingen in Auftrag gegeben. Zeltwagen für den Transport und 300 Bänke kamen dazu. Alles kostete Fr. 20 000.—, von denen am Einweihungstag noch Fr. 5 400.— fehlten. Von Vetter wurde berichtet, daß er in seiner Eröffnungsrede am 5. August 1906 sagte: "Ihr Schweizer, schämt euch, daß das Zelt noch nicht bezahlt ist." Noch am gleichen Tag kam die Restsumme zusammen. Unter großer Anteilnahme von Gläubigen aus der ganzen Schweiz wurde das Zelt eingeweiht. Vorne im Zelt erhob sich ein geräumiges Podium und an der mit rotem Plüsch ausgekleideten Vorderfront erglänzte in grossen, goldenen Buchstaben die Inschrift: "Das Evangelium aller Kreatur". Die Zeltmission steht im Dienst Jesu Christi, dem Haupt der Gemeinde. In der Verantwortung vor ihm weiß sie sich verpflichtet, "...den ganzen Ratschluß Gottes zu verkündigen" (Apg 20, 27). Sie will alles tun, um Sünder zu retten und sie zum Glauben an das Evangelium zurückzuführen.

So zog das Zelt mit seinen Verkündigern von Ort zu Ort, und der Herr gab sein Ja zu diesem Anfang. Schon in der ersten Versammlung fanden Menschen zum Frieden mit Gott. Es wird als ein besonderes Geschenk angesehen, daß im März 1981 ein Interview mit einem Besucher der ersten Zeltevangelisation in Rämismühle gemacht werden konnte. Der inzwischen verstorbene Karl Dollenmeier übergab am vierten Abend sein Leben dem Heiland Jesus Christus und ist ihm bis ins hohe Alter treu geblieben. Er war ab 1967 Prediger und Evangelist in der Vereinigung Freier Missionsgemeinden.

Der Allianzgedanke
Von Anfang an arbeitete die Schweizerische Zeltmission unter dem Allianzgedanken, daß sich das ganze Gottesvolk einer Stadt oder Region unter dem gemeinsamen Ziel zusammenfindet. Im Anschluß an die erste Zeltarbeit in Winterthur, die am 19. August 1906 eröffnet wurde, schreibt Ludwig Henrichs, der Evangelist und Mitarbeiter Jakob Vetters:

"Wenn ich auf die drei verstrichenen Wochen zurückschaue, so kann ich nicht anders, als tiefgebeugt meinen Gott anbeten ob dem Wunder der Gnade, die er getan hat. Fast alle Gläubigen der Stadt – Methodisten, Evangelische Gemeinschaft, Freie Gemeinde, Blaues Kreuz und Evangelische Gesellschaft – sind mit ganzem Herzen an der Arbeit. Und es herrscht eine Einstimmigkeit, ein gegenseitiges sich Anerkennen und eine Demut bei den Brüdern, wie man sie selten findet. Wenn diese Voraussetzungen überall in der Schweiz, wo wir hinkommen werden, vorhanden sind, dann ist der Sieg garantiert. Die Versammlungen an den Wochentagen sind gut besucht, an den Sonntagen wissen wir fast keinen Raum für die vielen Menschen zu schaffen. Hunderte sind bis jetzt in den Nachversammlungen geblieben. An den Sonntagen sind es jeweilen allein über hundert Menschen, mit denen wir reden und beten können. Bei den zwei Männerversammlungen, die wir anberaumten, war jedesmal das ganze Zelt mit Männern besetzt. Am Schlußabend soll auf Wunsch der hiesigen Brüder ein Dankgottesdienst gehalten werden. Gott segne das teure Schweizerland und Schweizervolk. Möge Jesus, der König, noch Tausende unter sein Zepter bringen!"

Interview

vom März 1981 mit dem damals 92jährigen Karl Dollenmeier, Teilnehmer an der ersten Zeltevangelisation in Rämismühle.

SZM: Herr Dollenmeier, Sie sind wohl einer der ältesten "Augenzeugen" der ersten Zeltevangelisation. Wir sind dankbar für solch bewährte alte Zeugen und freuen uns, daß Sie für ein Gespräch mit uns bereit sind. Wann haben Sie zum ersten Mal Kontakt mit der Schweizerischen Zeltmission gehabt?

D: Es war im Jahre 1906. Eines Tages – beim Nachtessen – erzählten meine Geschwister, in Rämismühle sei ein Missionszelt aufgebaut worden, und jeden Abend würden Versammlungen abgehalten. Es sei ein besonders großes und schönes Zelt. Schon aus reiner Neugierde machte ich mich am 9. August auf den Weg, um an einem solchen Anlaß teilzunehmen.

SZM: Wie alt waren Sie damals?

D: Ich war damals 18 Jahre alt und wohnte in Weisslingen.

SZM: Welchen Eindruck hatten Sie vom Zelt und von dem Vortrag?

D: Eine Evangelisation in einem Zelt war neu, einmalig für jene Zeit. Es machte mir einen großen Eindruck, ein so großes, schönes, weißes Zelt zu sehen. Ich betrachtete es aber nicht nur von außen, sondern ging dann auch hinein. An diesem Abend vernahm ich den Ruf Jesu. Ich merkte: Karl, das geht dich an. Am gleichen Abend entschied ich mich für Jesus und übergab ihm mein Leben.

SZM: Sie sind vermutlich die einzige noch lebende Person, die sich an dieser ersten Zeltevangelisation bekehrt hat. Können Sie uns noch etwas erzählen über die Gestaltung des Abends? Hat ein Chor gesungen?

D: Es kamen etwa 1 800 Leute ins Zelt. Ein großer Chor sang auf der Bühne. Am Schluß der Predigt rief Evangelist Vetter zur Entscheidung auf. Ich ging mit einigen anderen nach vorn aufs Podium.

SZM: Wie lange dauerte diese Zeltarbeit in Rämismühle?

D: Ich glaube, es waren 10 Tage. Später war dann eine längere Evangelisation in Winterthur, die ungefähr vier Wochen dauerte.

SZM: Welche anderen Evangelisten predigten im Zelt – außer Jakob Vetter?

D: An einem Abend tat Prediger Spörri – früher in Rämismühle – den Dienst, während Jakob Vetter den Abend leitete. Später waren auch noch andere Evangelisten da, deren Namen ich nicht kenne (u.a. war Henrichs auch dabei. Red.).

SZM: Hat man sich nachher um die Neubekehrten gekümmert? Wie war die Nacharbeit?

D: Vielleicht hat man noch nicht so eine intensive Nacharbeit gemacht wie heute. Aber ich habe dann schnell den Weg in eine Gemeinde – es war eine Chrischona-Gemeinde – gefunden, zusammen mit meiner Schwester.

SZM: Wie war es dann mit Ihrer Mitarbeit in der Gemeinde?

D: Ich habe als junger Mann aktiv in der Gemeinde mitgearbeitet. Schon bald wurde ich angefragt, ob ich bereit wäre, Versammlungen zu leiten. Zuerst weigerte ich mich, in der Meinung, dies sei eine zu hohe Aufgabe, und ich sei nicht dazu bestimmt, eine solche Arbeit zu übernehmen. Einige Brüder redeten dann mit mir und bewogen mich, eine Bibelstunde zu übernehmen. Später kamen andere Dienste dazu, ich wurde dann teilzeitlich angestellt im Gemeindedienst.

SZM: Herr Dollenmeier, haben Sie Jakob Vetter gekannt? Welchen Eindruck hatten Sie von ihm?

D: Ich habe Evangelist Jakob Vetter gekannt. Er war ein stattlicher Mann, ich möchte fast sagen eine majestätische Persönlichkeit, sehr redegewandt und manchmal in seiner Ausdrucksweise recht scharf und bestimmt. Das machte ihn aber gegenüber Predigern teilweise etwas unbeliebt.

SZM: Hatten Sie weitere Kontakte zur Schweizerischen Zeltmission?

D: Ja, ein Jahr später war in der Rämismühle und in Winterthur wiederum eine Evangelisation. Selbstverständlich nahm ich daran teil. Evangelist Henrichs predigte und tat einen sehr guten Dienst. In einer Nachversammlung hatte ich Gelegenheit, mit ihm zu sprechen. Er hat mir für meinen weiteren Lebensweg und meinen Dienst ganz wesentlich geholfen.

SZM: Herr Dollenmeier, wie sehen Sie die Möglichkeit und Aufgaben der Evangelisation heute?

D: Ich glaube daran, daß in kurzer Zeit eine neue Erweckung ausbrechen wird. Ich hoffe, daß sich viele Menschen bekehren werden. So wie ich es selber oft erlebt habe, daß Menschen während einer Predigt zum Glauben gefunden haben. Petrus sagt das ja auch von seiner Predigt im Hause des Kornelius: "Noch während er diese Worte redete, fiel der Geist auf sie."

SZM: Herr Dollenmeier, Sie haben uns als Augenzeugen einen Einblick in die erste Zeit der Schweizerischen Zeltmission gewährt. Wir danken herzlich für dieses Gespräch.

Interview: Hermann Schole/Robert Hottiger

Streiflichter aus der Arbeit

Der große Hunger nach dem lebendigen und erneuernden Wort Gottes hielt dann in den folgenden Monaten und Jahren an. Es war eine helle Freude zu sehen und zu erleben, wie in den verschiedenen Städten und Dörfern die meisten Gläubigen Hand boten und sich einsetzten für die neue, bisher ungewohnte Art der Evangelisation. Gott schenkte offene Türen, aber auch scharf geschliffene Werkzeuge, die er sich für die Proklamation seiner Herrschaft ausersehen und zubereitet hat. So standen neben den bereits erwähnten Herolden des Evangeliums eine große Reihe weiterer Brüder im evangelistischen Verkündigungsdienst, aber auch in der Leitung des Werkes. Es würde den Rahmen dieser Darstellung sprengen, wollten wir auf die Herkunft, Eigenart und den Dienst eines jeden einzelnen weiter eingehen. Jeder hatte seine Originalität, wenn sie mit ihrer weithin schallenden Stimme – damals noch ohne Lautsprecher – die Zeltversammlung mit dem teuren Gotteswort erreichten.

Die Schweizerische Zeltmission ist im Laufe der Zeit äusserlich und innerlich in Sturm und Wetter, in Feuer und Wasser gekommen. Einmal erfaßte ein Gewittersturm das Zelt, riß es zu Boden, schlitzte die Zeltbahnen auf und machte sie für den weiteren Dienst unbrauchbar. "Beim Anblick der Verwüstung," so berichteten die Augenzeugen, "konnte man sich der Tränen nicht erwehren." Aber Gottes Wege sind heilig.

...es war einmal (in Rämismühle)

Im Rheintal stand eines Tages das Wasser im Zelt, als hätten sich "die Brunnen der Tiefe" aufgetan. Die Versammlung konnte vorübergehend in die Kirche verlegt werden. Auch Feuer blieb uns nicht erspart, doch fiel diesem nur der Vorbau zum Opfer. Oft war auch Böswilligkeit mit im Spiel. Da wurden die Zeltplanen aufgeschnitten, feste Stricke gekappt oder anderer Unfug getrieben. Solche Erfahrungen beugten wohl die Herzen, durften aber nicht mutlos machen. In selbstloser Hingabe konnten sich die Zeltevangelisten und die Zeltdiakone üben. Für die "Zeltbrüder" galt es, Kälte und Nässe, Hitze und Sturm zu überwinden. Neben der Arbeit im Zelt, die im Aufstellen und Abbauen, im Ordnungs-

und Wachtdienst bestand, wurden viele Kinderstunden gehalten und Menschen zu den Versammlungen eingeladen. War der Kampf der Sommerarbeit beendet und das Zeltmaterial in der Lagerhalle untergebracht, freute man sich auf die stille Rüstzeit einer Bibelschule oder den Mit-Dienst in einer Gemeinde. Kam der Frühling ins Land, gewann die Sehnsucht nach der geliebten Zeltarbeit die Oberhand.

Einen jähen Einschnitt in die Zeltarbeit brachte jeweils der Ausbruch des Ersten und des Zweiten Weltkrieges. Während des Ersten Weltkrieges kamen die Einsätze völlig zum Erliegen. Sie konnten erst im Jahre 1921 wieder aufgenommen werden. Dagegen wurden im Zweiten Weltkrieg jährlich mindestens eine bis zwei Zeltevangelisationen in der Schweiz durchgeführt. Immer wieder fehlte es auch nicht an Unkenrufen, die Glauben machen wollten, Zeltarbeit und Zeltevangelisationen jeder Art seien vorbei. In allem Auf und Ab ist eines geblieben: Gottes wunderbare Absicht, verlorene Menschen vom Verderben zu retten! "Denn Gott will, daß allen Menschen geholfen werde und sie zur Erkenntnis der Wahrheit kommen" (1. Tim 2, 4).

Die Nachfrage mag durch die vielseitigen Angebote einer modernen Wohlstandsgesellschaft nachgelassen haben. Wahre Erlösung und Befreiung von Sünden und allen verderblichen Bindungen kann nur in Christus Jesus gefunden werden!

Viele treue Freunde haben in dieser Überzeugung mitgerungen und mitgebetet: "Herr schenke uns im Blick auf die Zeltarbeit eine neue Vision und neue Vollmachten." Wir waren bedrängt durch die Tatsache, daß durch Jahre hindurch der Zug ins Zelt nachgelassen hatte. Das 1 000-Personen-Zelt war fast überall zu groß. Ferner mußten wir auch der Tatsache ins Auge sehen, daß inzwischen über ein Dutzend weitere Zelte in unserem Land umherziehen, die alle einen guten und fruchtbaren Dienst tun.

Seit den sechziger Jahren war erneut ein Aufbruch ins Zelt zu verzeichnen. An verschiedenen Orten mußte das Zelt, kaum hatte die Arbeit begonnen, vergrößert werden. Es kamen so viele Leute, daß das 1 000-Personen-Zelt zu klein wurde. Für die

Verantwortlichen der Zeltmission war es ein Glaubensschritt, als sie nach ernsthaftem Prüfen im Jahre 1979 eine Zelthalle in Auftrag gaben, die – wie in der Gründungszeit – 2 000 Personen Platz bieten sollte. Gott hat diesen Beschluß bestätigt. Die Leute kamen in Scharen unters Wort. An einigen Orten konnte selbst diese Halle die Menschen nicht fassen. Es ist ein Wunder Gottes vor unseren Augen, daß diese neue Zelthalle, die mit ihrer Einrichtung über Fr. 400 000.— kostete, bald nach ihrer Indienstnahme ohne Schulden dastand. Meistens befindet sich in der Begleitung dieser großen Zelthalle ein größeres Teezelt, ein Seelsorgezelt und verschiedene kleinere Aussprache- und Gebetszelte. Zum Zeltmaterial gehört ferner: eine große Bühne für den Zeltchor, ein Tonwagen mit allen Einrichtungen für die Beschallung, ein Mischpult und die Apparate für das Kopieren der Kassetten. Es darf wohl mit Recht gesagt werden, daß durch den Kassettendienst ebensoviele Menschen die Botschaften außerhalb vom Zelt hören, wie Zuhörer ins Zelt kommen. Für die Zeltdiakone und das Begleitpersonal stehen meistens zwei Wohnwagen zur Verfügung.

Wie konnte das alles geschehen? – Der damalige Präsident Hans Bösch schreibt: "Es ist ein Wunder Gottes. Er erhört Gebete. Gott hat uns – ähnlich wie zu Beginn der Zeltmissionsarbeit – einen Evangelisten geschenkt, der mit Vollmacht Gericht und Gnade Gottes verkündigt: Wilhelm Pahls! Er ist ein auserwähltes Werkzeug in der Hand des Herrn und konnte für unzählige Menschen zum Segen werden. Sein größtes Anliegen vor und während der Evangelisation ist das Gebet. Darin findet das Geheimnis seines vollmächtigen Verkündigungs- und Seelsorgedienstes eine Erklärung. Abend für Abend sitzt er bereits eine Stunde vor Versammlungsbeginn im Gebetszelt und wartet darauf, daß sich andere mit ihm zum gemeinsamen Gebet treffen."

Treue Begleiter unseres Evangelisten waren die Evangeliumssänger Hildor Janz und Georg Hormann. Mit ihren Liedern erfreuten sie die Hörer und haben durch das gesungene Evangelium mitgeholfen, Menschen zu Jesus zu führen.

Nachdem Evangelist W. Pahls vermehrt zu Diensten in seinem Heimatland Deutschland und dem übrigen Ausland gerufen wurde, schenkte Gott uns mit Evangelist Richard Kriese, dem langjährigen Leiter der Seelsorgeabteilung des Evangeliumsrundfunks Wetzlar, einen begnadeten, vollmächtigen Verkündiger. Der Ruf Gottes durch R. Kriese erreicht nicht nur unbekehrte Hörer, sondern auch gerade die, die schon länger mit Jesus Christus unterwegs sind. So heißt es in dem Bericht von einem Einsatzort: "Die Botschaften von Richard Kriese hatten zunächst für die Gemeinde selbst eine sehr heilsame Wirkung. Schon am ersten Abend suchten Menschen das seelsorgerliche Gespräch und konnten dabei Lasten ablegen, die sie bedrückten. Nicht wenige Gemeindeglieder machten einen persönlichen Neuanfang mit Jesus Christus. Dies war sicher ein entscheidender Grund dafür, daß in den folgenden Tagen viele Menschen zum Glauben an Jesus Christus finden konnten." Aus einem anderen Bericht entnehmen wir folgende Anmerkung: "In der Verkündigung wurde der Satz geprägt: 'Eine Treppe wird von oben nach unten gefegt.' In der Seelsorge ist dies in geistlicher Hinsicht geschehen. Solche, die schon lange mit Jesus Christus unterwegs sind, ordneten ihr Leben und machten einen Neuanfang. Mitarbeiter, Prediger und Gemeindeleiter 'trieb' der Herr in die Seelsorge, um die sogenannten 'Kieselsteine in den Schuhen' – die im übertragenen Sinn in der Nachfolge hinderlich sind – zu entfernen. So wurde ein Wachstum im Glauben und ein Erfülltwerden mit dem Heiligen Geist möglich."

In den Evangelisationen mit Richard Kriese zeichnete sich in den vergangenen Jahren ein Trend deutlich ab: Von den vielen Hunderten, die um eine seelsorgerliche Aussprache ersuchten, waren zirka ein Drittel Erstentscheidungen für Jesus Christus. Zwei Drittel der seelsorgerlichen Gespräche führten zur Erneuerung der Hingabe mit Schuldbekenntnis und dem erneuten Geschenk der Erlösungs- und Heilsgewißheit. Man mag sich fragen: Geschieht im Dienst der Zeltmission etwas, was heute in der Gemeinde zu kurz kommt? Fehlt in der Verkündigung der Ruf zum geheiligten Leben, zum völligen Übertritt vom

Herrschaftsbereich der Finsternis in das Reich des geliebten Sohnes Gottes (siehe Kol 1, 13)?

Einen fruchtbaren, sehr gründlichen Evangelisationsdienst tut seit einigen Jahren Evangelist Friedhold Vogel im Zelt. Er selber engagiert sich in einer sorgfältigen Vorbereitung in allen beteiligten Gemeinden und in der Nacharbeit an den Gläubiggewordenen. In allem Dienst hält er es mit dem bekannten englischen Prediger Spurgeon, der den Betern seiner Gemeinde zurief: "Sagt mir, wann ihr aufhört für mich zu beten und ich sage euch, wann ich aufhören werde zu siegen." Wer an der missionarischen Front kämpft, weiß, daß Gebet und Sieg unauflöslich zusammen gehören. Vogel sagte: "Wir brauchen wieder 'brennende Gemeinden', die vom Feuer der Liebe Gottes erfaßt sind und ein Ziel haben: Menschen für Jesus Christus zu gewinnen. Erweckung ist das Gebot der Stunde, sonst werden uns die negativen Kräfte überrollen."

Von einem Einsatzort war über den Dienst von Friedhold Vogel folgendes zu lesen: "Die Vorträge waren immer packend, lebendig, spannend und interessant, in der Vollmacht Gottes gehalten und in zeitnaher Sprache, ohne jedoch die biblischen Inhalte zu verwässern. Mit einem Satz: das alte Evangelium in modernem Gewand. Bibeltreue, neutestamentliche Evangelisation, wie sie gegen Ende des 20. Jahrhunderts sein muß. Ich hatte große Freude an diesen Predigten. Am Ende des Abends wußte jeder, wo er stand: ob er Christ war oder Nichtchrist, 'drinnen' oder 'draußen', 'Kind Gottes' oder 'Kind des Teufels'. Und jeder, der gerettet werden wollte, wußte genau, was er zu tun hatte: Jesus Christus, dem Sohn Gottes, der für uns gekreuzigt wurde und auferstand, sein Leben anvertrauen, übereignen, ihn aufnehmen. Dann kam der Ruf zur öffentlichen Entscheidung, zu einem mutigen Schritt nach vorne, heraus aus der Masse."

Wie gut, daß Gott immer wieder sein Wort erfüllt, indem er "die Predigt" benutzt, um Menschen in die Gemeinschaft seines Reiches einzuladen. Eine nicht zu übersehende Rolle spielen dabei die persönlichen Kontakte, die durch permanentes Bemühen der wiedergeborenen Christen zu Ungläubigen aufgebaut werden. Persönliche Kontakte waren es auch, die schon oft im Nebenzelt, dem sogenannten "Teezelt", zum Schritt über die Linie geholfen haben.

So heißt es von einem Einsatzort: "Das Teezelt neben dem Hauptzelt war nach der Abendveranstaltung beinahe immer voll belegt. Diese Einrichtung hat sich sehr bewährt. Die eine oder andere Entscheidung für Christus wurde hier gefällt." In einem anderen Bericht heißt es: "Praktisch jeden Abend war das Teezelt bis auf den letzten Platz gefüllt. Der Herr hat es geschenkt, daß im Gespräch und gemeinsamen Austausch über das Gehörte viel guter Same ausgestreut werden durfte. Bei diesem regen Treiben spürten wir immer wieder die Liebe Gottes, die uns miteinander verband. Alte und Junge, Gesunde und Kranke, Einheimische und Ausländer, alle gehörten zur selben Familie. Gemeinsam freuten wir uns auch über jeden 'Neugeborenen', der den ersten Schritt mit Jesus Christus gewagt hatte."

Ein wichtiger Zweig der Zeltevangelisation ist seit vielen Jahren die Zusammenarbeit der Schweizerischen Zeltmission mit der Ausländermission MEOS/Svizzera. Durch Simultanübersetzungen werden die Vorträge unmittelbar in verschiedene Fremdsprachen übersetzt, so daß der ausländische Gast, in den meisten Fällen Arbeitnehmer, über Empfangsgerät und Kopfhörer die Botschaft in seiner Sprache hören kann. Meistens stehen an der Rückwand des Zeltes eine Anzahl Übersetzerkabinen, in denen MEOS-Mitarbeiter den wichtigen Dolmetscherdienst tun.

Welch eine Freude ist im Himmel (aber auch auf Erden) über jeden Menschen, der aus einem anderen Sprach- und Kulturkreis gekommen ist, wenn er die rettende Liebe Gottes persönlich erfahren darf, um auf diese Weise unter seinen Landsleuten zum Zeugnis zu werden.

Die Schülerarbeit gehört seit vielen Jahren zum Einsatzprogramm. Mit viel Liebe hat unsere Katechetin Beatrix Böni in Zusammenarbeit mit den örtlichen Verantwortlichen für die Kinderarbeit, den Kindern Jesus Christus lieb gemacht. Viel guter Same wurde so auf Hoffnung ausgestreut oder durfte in einer persönlichen Entscheidung für ein Leben mit Jesus Christus Frucht bringen.

In den letzten Jahren erfreuten sich die Bibelseminare über biblische Themen, wie z.B. "Das vom Heiligen Geist erfüllte Leben" (R. Kriese) oder auch die Frauenstunden grosser Beliebtheit. Auf der einen Seite konnten diese Veranstaltungen, die in der Regel an den Vormittagen stattfanden, Zubringerdienst leisten und die Hörer für eine verbindliche Christusnachfolge vorbereiten oder aber auch den Glauben vertiefen.

In der Planung und Durchführung der Zeltevangelisation hat sich – gegenüber früheren Zeiten – ein Wandel vollzogen. So liegt die Hauptverantwortung für die Durchführung für die Evangelisationen nicht in erster Linie auf den Verantwortlichen der Zeltmission, sondern hauptsächlich bei den einladenden Gemeinden. Es ist immer wieder zum Erstaunen, wie sich die Mitarbeiter der Gemeinden einsetzen bei den Vorbereitungsarbeiten, in der Werbung und im Gebetsdienst. Oder wenn aus einer ganzen Region Gratis-Buslinien zum Zelt organisiert werden, damit auch ältere und weiter entfernt wohnende Leute abgeholt werden können.

Die Schweizerische Zeltmission steht während der Vorbereitung und Durchführung mit Rat und Tat zur Seite. Der langjährige Einsatzleiter Robert Hottiger faßt das Angebot der Zeltmission, aber auch die Möglichkeit der Zusammenarbeit in folgende Worte:

"Eine Zeltevangelisation ist eine Zusammenarbeit zwischen den örtlichen Gemeinden und den Mitarbeitern der Schweizerischen Zeltmission. Für die Zelte wird eine Miete verlangt, in der aber eine ganze Menge weiterer Dienstleistungen eingeschlossen sind. Sicher ist es einmal interessant zu wissen, was so alles 'mitgeliefert' wird: Bestuhlung, Lautsprecheranlage, Bühne, Kassettenkopieranlage, reich ausgestatteter Bücher- und Kassettentisch, Nebenzelte, Gebetszelt, Inventar für Tee-Ecke oder Teezelt, Nacharbeitsmaterial. Dann die Dienstleistung des Einsatzleiters bei den Vorbereitungen, die Dienste der Zeltdiakone, die Durchführung der Schülerarbeit, zusammen mit vielen Erfahrungen aus vorangegangenen Einsätzen, die weitergegeben werden können.

Die Mieten gemäß Tarif würden für alle diese Aufgaben bei weitem nicht ausreichen. Trotzdem ist es möglich, dank vielen treuen Freunden, die uns mit Gaben unterstützen, einen Miettarif anzuwenden, welcher praktisch von allen Trägerkreisen am Schluß des Einsatzes aus den Einnahmen bezahlt werden kann. Darüber hinaus stehen uns sogar noch Mittel zur Verfügung, die es erlauben würden, auch Zeltevangelisationen durchzuführen, bei denen zum voraus mit einem Defizit gerechnet werden muß (z.B. Neuland-Mission). Die einen helfen so mit, daß auch andere von unseren Zelten profitieren können.

Es ist unser Wunsch, daß das uns anvertraute Material auch weiterhin möglichst oft in den Dienst der Reichsgottesarbeit gestellt werden kann. Möge auch in Zukunft unter den verschiedenen Gemeinden viel Offenheit bestehen, damit sich Trägerkreise zusammenschließen und einen Großeinsatz wagen können. Das Zeugnis des auferstandenen und gegenwärtigen Herrn soll auch in Zukunft in unsern Zelten weitergegeben werden."

Evangelist Richard Kriese. Seine Botschaften haben zunächst für die Gemeinde selbst eine heilsame Wirkung.

Auch wenn das Budget einer regionalen Großevangelisation oft groß ist, staunen wir umsomehr über die Opferfreudigkeit der Trägergemeinden. In den letzten Jahren war es immer wieder zu beobachten, daß Trägerkreise der Zeltevangelisationen dazu übergingen, alle Kosten vor Beginn der Evangelisation aufzubringen. Auch wenn es jedermann einleuchten wird, daß man eben auch im Reich Gottes einen solchen Aufwand nicht ohne

Kosten erbringen kann, so liegt doch ein großer Segen darin, wenn in den Zeltveranstaltungen, vor allen Dingen vor den Ohren von Ungläubigen, nicht um Geld "gebettelt" werden muß. Gelegenheit zum Dankopfer wurde trotzdem gegeben. Diese Sonderkollekten wurden als Dankesgaben an Missionswerke, Notstandsgebiete oder auch andere Projekte weitergeleitet. Es macht uns glücklich und getrost, daß Gott die Zeltarbeit auch in materieller Hinsicht mit seinem reichen Segen begleitet hat.

Die Schweizerische Zeltmission hat gegenwärtig drei Zelte zur Verfügung. Die Zelthalle mit ihren 1 800 bis 2 000 Plätzen; ein Rundzelt mit 600 bis 800 Stühlen und eine kleine Zelthalle mit zirka 250 Plätzen. Gerne werden Anfragen von Gemeinden, örtlichen Trägerkreisen bzw. Arbeitsgemeinschaften für Evangelisation entgegengenommen. Wir freuen uns, wenn das Material seiner Bestimmung gemäß für die Ausbreitung der "Guten Nachricht" in unserem Land reichlich gebraucht wird.

Zeltevangelisation in Neuland-Gebieten

Die meisten Zeltevangelisationen der SZM werden von größeren Trägerkreisen organisiert und durchgeführt. Demzufolge sind auch die größeren Zelte im Einsatz. Von dem Angebot in Gebiete zu gehen, wo vielleicht "nur" ein Hausbibelkreis oder eine kleine Gemeinde eine Zeltevangelisation durchführen möchte, wurde bisher wenig Gebrauch gemacht. Dabei wäre eine solche Arbeit in Gebieten, die wenig mit dem Evangelium durchdrungen sind, ein verheißungsvoller Dienst. Die Zeltmission wird gerne in der Vorbereitung und Durchführung ihre Erfahrung und Hilfe mit einbringen.

In Bündner Oberland wurde 1983 erstmals ein solcher Versuch unternommen. Weitere Zelteinsätze folgten 1984 und 1987. Inzwischen durfte eine Gemeinde entstehen, die gewiß mit auf das mutige Wagnis im Vertrauen auf den Herrn zurückzuführen ist. Am Anfang standen eine Handvoll ältere Geschwister, die zum Teil mehr als dreißig Jahre um Erweckung in diesem Gebiet gebetet hatten. Damals hatten in der Vorbereitung manche Widerstände und Schwierigkeiten überwunden werden müssen. Nach offizieller Verlautbarung schien in der Öffentlichkeit kein Bedürfnis für solche missionarische Tätigkeit vorhanden zu sein. Doch der Herr erhörte in seiner Gnade die Gebete, daß Menschen Jesus Christus als ihren Herrn und Heiland erkennen und in ihr Leben aufnehmen durften.

Glühende Retterliebe!
Evangelist Wilhelm Pahls

Im Gegensatz zu den Großevangelisationen, die mit einem schönen Zeltchor von vielleicht 150 Sängern und mindestens 600 - 800 Besuchern im Zelt die Evangelisation beginnen, stand 1983 in Ilanz ein Team des Missions-Einsatzlagers auf der Bühne, währenddem am ersten Abend "nur" sechs Zuhörer ins Zelt kamen. Da begegnen wir dem Missionsalltag, der nicht in Superlativen abläuft. Dankbar waren wir, als sich am Ende dieser Arbeit zehn Menschen neu zu Jesus Christus bekannten.

Inzwischen sind die Widerstände nicht geringer geworden, und die Verhärtungen scheinen oftmals undurchdringlich. Und doch ruft der Herr aus vielen Dörfern hin und her seine Auserwählten heraus und fügt sie seiner Gemeinde hinzu.

Richten Sie Ihr Augenmerk und Ihre Gebete auf die Gebiete in unserem Land, in denen es keine langjährig bewährten und klar bekennenden Gemeinden gibt. Beten Sie, daß der Herr Arbeiter in seine Ernte sendet, die das helle Licht des Evangeliums leuchten lassen bei aller Finsternis, die uns umgibt.

Eine feste Burg ist unser Gott! Mit der SZM irgendwo und immer wieder in Stellung.

Zuversichtlich und getrost halten wir uns an den Auftrag und an die Zusagen unseres Herrn (Mt 28, 18-20, Übers. Wiese): "Mir ist gegeben alle Gewalt im Himmel und auf Erden. Darum gehet hin und machet zu Jüngern alle Völker: taufet sie auf den Namen des Vaters und des Sohnes und des heiligen Geistes und lehret sie halten alles, was ich euch befohlen habe. Und siehe, ich bin bei euch alle Tage bis an das Endziel der Weltzeit."
Hermann Schole

Quellenangabe:
Jakob Vetter, Gottes Fußspuren in der Zeltmission, 1907 Verlag: Zelt-Missionsbuchhandlung, Geisweid
Festschrift: 75 Jahre Schweizerische Zeltmission, 1981
Jubiläumsschrift: Die Deutsche Zeltmission im Wandel der Zeiten, 1969
"ZELTGRUSS", Organ der Schweizerischen Zeltmission, Sitz Rämismühle ZH, erscheint monatlich

Zeltmission Bund Freier evangelischer Gemeinden in der BRD

Ein kaputtes Leben wird neu
Sie war ungefähr zwanzig, als sie ihn kennenlernte. Während einer Tagung saß er ihr gegenüber – und sie spürte, wie er sie dauernd beobachtete. In einer Pause sprach er sie auf der Terasse an. Ob sie nicht auch Lust auf einen Stadtbummel hätte. Und weil es hier ziemlich langweilig war, willigte sie gerne ein.

Er war ein charmanter Plauderer, etwa sieben Jahre älter als sie – in jeder Hinsicht ein interessanter Mann. Einer zum Verlieben! Und so war es denn auch. Der Flirt war mit diesem Nachmittag nicht zu Ende. Am nächsten Abend lud er sie zum Essen ein, und anschließend besuchte man ein nettes, kleines Tanzlokal.

Als sie nach Hause kam, strahlte sie nur so vor Freude: "Mama, ich habe den Mann fürs Leben gefunden!" – das waren ihre ersten Worte. "Ich bin ja so glücklich!" Sie konnte es gar nicht erwarten, ihn wiederzusehen. Ein halbes Jahr später merkte sie, daß sie ein Kind von ihm erwartete. Als sie es ihm sagte, wurde sein Gesicht hart wie Stein. Seit diesem Tag wollte er nichts mehr von ihr wissen. Ohne mit der Wimper zu zucken, ließ er sie allein – eiskalt. Jetzt zeigte er sein wahres Gesicht: rücksichtslos, egoistisch und gemein. Tagelang weinte sie vor Schmerz und Wut. In ihr wuchs ein abgrundtiefer Haß gegen ihn. Wäre er ihr noch einmal begegnet, hätte sie ihn umgebracht.

Zur Abtreibung war es zu spät – und sie wollte das auch nicht: niemals! Aber wer nimmt denn schon eine Frau mit Kind? Alle Heiratschancen waren dahin. Nur flüchtige Abenteuer, das war alles. Schließlich war ihr das auch egal, sie wollte etwas vom Leben haben.

Ihr ganzes Leben hat er ihr versaut, dieser Mann, den sie einmal liebte. Ganz allein hat sie ihren Jungen großgezogen. Und der Kampf ums Überleben war hart. Manchmal war sie völlig am Ende ihrer Kraft.

Fast fünfzehn Jahre hat sie mit diesem tödlichen Haß in ihrem Herzen gelebt – und ein "luderhaftes" Leben geführt. Eines Tages war sie ausgebrannt. Leer und voller Sehnsucht nach einem neuen Leben saß sie im Missionszelt. Endlich wurde sie ehrlich vor sich selbst: Nicht dieser Mann, sondern sie selbst hatte ihr Leben kaputtgemacht. Mit ihrer Bitterkeit und ihrer Unzucht hatte sie selbst ihr Leben zerstört. Hätte sie nicht auch ganz anders leben können – trotz dieser schmerzhaften Enttäuschung, die dieser Mann ihr damals zufügte?

Die Zeltmission bringt das Evangelium direkt vor die Haustüre

Als sie ihre Schuld erkannte, wandte sie sich an den, zu dem sie auch schon als kleines Mädchen gebetet hatte. Den ganzen Scherbenhaufen ihres Lebens brachte sie im Gebet zu Jesus und bat ihn um Vergebung. Und: Sie ist bei ihm zur Ruhe gekommen. Er hat sie mit seinem Frieden beschenkt. Unter seiner Führung lebt sie jetzt wieder ein heiles und schönes Leben: frei von Bitterkeit und Haß, frei auch von dem elenden Zwang, sich das Leben in immer neuen sexuellen Abenteuern zu suchen - und es doch nicht zu finden.

Sie hat leidvoll erfahren, was Jesus sagt: "Jeder, der sündigt, ist ein Gefangener der Sünde!" Aber sie hat auch erlebt, wie Jesus aus dieser "Hölle" herausholt, von aller Gebundenheit befreit und ein neues Leben schenkt.

Kirche auf dem Kirmesplatz

Es hat sich herumgesprochen: der Missionsauftrag Jesu Christi muß neu gehört werden. Viel zu lange schon hat man sich vielerorts damit begnügt, die Leute zur "Kirche" zu bringen. Wie ein Verkaufsladen hat man bestimmte Öffnungszeiten und wartet dann darauf, daß "Kundschaft" kommt. Das Evangelium erfordert aber von den Christen eine andere Lebensweise als das Abwarten hinter dem Ladentisch. Jesus hat gesagt: Geht hin zu den Menschen! Und wo das "praktiziert" wird, da kommt die "Kirche" zu den Menschen, nicht umgekehrt.

Die ZELTMISSION ist so ein Beispiel, wo das Evangelium den Leuten nachläuft, wo man hingeht und durch die Lande zieht. Sie ist im besten Sinne "Kirche auf dem Marktplatz". Ein Zelt kann man überall aufschlagen: auf dem Kirmesplatz, in neuen Wohngebieten, an Urlaubsorten, auf dem Sportplatz, in jedem Dorf, in jeder Stadt. Und man muß sich schon anstrengen, das Zelt zu übersehen. Es ist ein Zeugnis des Glaubens und Herausforderung zugleich.

Jedenfalls steht eines fest: die ZELTMISSION zieht Leute an – gerade auch immer wieder jene, die sonst um ein Gemeindehaus einen weiten Bogen machen. In ein Zelt kann man "unverbindlicher" hereinschauen als in ein "frommes Clubhaus". Es ist ja keineswegs so, daß die Menschen "religiös uninteressiert" sind. Ganz im Gegenteil: viele hungern geradezu nach der Botschaft des Evangeliums. Aber diese suchenden und fragenden Menschen haben häufig Angst, ein Gemeindehaus zu betreten. Das Zelt nimmt ihnen diese Schwellenangst. Die Atmosphäre eines Zeltes ist ihnen nicht unbekannt. Bierzelte, Festzelte und Zirkuszelte sind den Menschen vertraut – und auch ein "Missionszelt" sieht äußerlich nicht anders aus. Die "zusammenlegbare Kirche" mit den durchlässigen Wänden (die Botschaft des Evangeliums ist auch für die hörbar, die draußen stehen oder vorübergehen) hat große Chancen, die Menschen zu erreichen. Das bestätigen alle Erfahrungen, die wir nun schon seit über 30 Jahren mit der ZELTMISSION unseres Bundes (Bund Freier evangelischer Gemeinden) machen. Die Zeit der ZELTMISSION ist noch lange nicht vorbei. ZELTMISSION ist eine verheißungsvolle Methode zur Re-Evangelisierung der Bevölkerung unseres Landes. Denn je mehr sich die Menschen von der "Kirche" entfernen, um so mehr muß die "Kirche" hinter ihnen her sein. Und das Zelt ist in der Hand Jesu Christi wie ein großes Netz, mit dem viele "Fische" gefangen werden.

Der Startschuß fiel vor über 30 Jahren
Der Startschuß für eine bundeseigene ZELTMISSION fiel im Sommer 1956 auf dem internationalen Jugendtag in Siegen. Unter dem Motto: Wir wollen Jesu Zeugen sein! wurde die Verpflichtung übernommen, bis zum folgenden Frühjahr ein Zelt zu finanzieren und zu beschaffen. 1960 wurde ein zweites Zelt angeschafft und im Sommer 1964 kam unser drittes Zelt (eine Zelthalle mit 1 000 Plätzen) zum Einsatz. Seitdem sind unsere drei Missionszelte mit durchschnittlich 29 Einsätzen jedes Jahr von April bis Ende September unterwegs. Hier ein paar Zahlen aus dem Zeltsommer 1988:

160 Tage mit jeweils einem 15-Stunden-Tag. 2 400 Stunden Einsatz an der "Missionsfront" unseres Landes. Für jeden Mitarbeiter (Zeltdiakone, Kindermissionarinnen, Evangelisten) einige tausend Fahrkilometer. Insgesamt 64 000 Menschen in den Abendversammlungen und gut 10 000 Kinder mit dem Evangelium erreicht. Überall fragende und suchende Menschen. Viele Bekehrungen von jung und alt. Eine geradezu sprunghaft ansteigende Zahl okkult-belasteter Menschen in der Seelsorge. An vielen Orten ein hoher Prozentsatz an Zeltbesuchern, die bisher dem Evangelium fernstanden.

Helferin der Gemeinden
Das betonen wir in den Gemeinden immer wieder, daß eine Zeltmission nicht zuerst unsere Evangelisation ist, sondern die Evangelisation der betreffenden Gemeinde(n). Wir von der ZELTMISSION verstehen unseren Dienst ganz bewußt als Mitarbeiter der Gemeinden – nicht als einen "Full-Service-Betrieb", der ein komplettes Evangelisationsprogramm liefert.

Wir geben zwar in jeder Hinsicht alle erforderliche Hilfe und Unterstützung und liefern auch das Fachwissen, aber wir entlassen die Gemeinden nicht aus ihrer Verantwortung. Es läßt sich erfreulicherweise beobachten, dass die Gemeinden weitgehend keine Bedienungsmentalität zeigen, sondern eine Zeltevangelisation zu ihrer Sache machen.

Das "volle" (ganze) Evangelium gibt volle Zelte

Alle Zelteinsätze werden von uns sorgfältig vorbereitet. Auf eine intensive geistliche (und auch organisatorische) Vorbereitung lege ich den allergrößten Wert, sonst kann man sich im Grunde genommen einen Zelteinsatz, wie überhaupt jede Evangelisation schenken. Auch und gerade innerhalb der Gemeinde muß für eine freie Bahn für das Evangelium gesorgt werden, wenn wir draußen eine offene Tür haben wollen. Eine gründliche Vorbereitung und ein besonderes geistliches Zurüstungsprogramm führt auch zu einer Belebung der Gemeinde. Zur organisatorischen Vorbereitung haben wir eine umfangreiche Arbeitsmappe für alle nötigen Bereiche herausgebracht, die wir den Gemeinden zur Hilfe an die Hand geben.

Das Ergebnis jeder (Zelt)evangelisation hängt aber nicht nur von der Vorbereitung, sondern auch ganz wesentlich von der Nacharbeit ab. Darum schließen die Vorbereitungen für einen Zelteinsatz auch die Nacharbeit einer Evangelisation mit ein, wobei allerdings die ganze Verantwortung der jeweils evangelisierenden Gemeinde übertragen wird. (Wir sind nur Mitarbeiter der Gemeinden!). Wir geben für die Nacharbeit Anregungen, und wo ich selbst evangelisiere, leite ich das auch für jede Bekehrung gezielt und umfassend ein, um den Gemeinden zu helfen, alle geknüpften Kontakte auch umfassend und sorgfältig weiter betreuen zu können. Ich betone immer wieder: Die Evangelisation ist nicht mit dem letzten Zeltabend zu Ende, sondern geht solange weiter, bis alle Kontakte auch zu einer verbindlichen Mitgliedschaft in einer Gemeinde gefunden haben. Hier steht und fällt natürlich sehr viel mit dem engagierten Einsatz der betreffenden Gemeindeleitung (Pastor, Älteste, Mitarbeiter usw.).

Die wichtigsten Voraussetzungen
Die drei wichtigsten Voraussetzungen für einen von Gott gesegneten Zelteinsatz heißen: 1. Beten, 2. Beten und 3. Beten! Jede (Zelt)evangelisation fängt auf den Knien an. Und mit dem Gebet ist es wichtig, im Vorfeld einer ZELTMISSION darauf hinzuwirken, daß das ganze Gemeindeleben auch von Vergebung und Versöhnung bestimmt ist. Wie will man denn sonst als Gemeinde vor die Menschen hintreten und an Christi Statt bitten: Lasst euch versöhnen mit Gott! – wenn an dieser Stelle vieles im Argen liegt? Gemeinden, die diese Schwerpunkte richtig setzen, machen auch die allerschönsten Erfahrungen mit ihrer Zeltevangelisation.

Besuchergruppen
Mit der ZELTMISSION erreichen wir besonders auch die dem Evangelium fernstehenden Menschen. Die Anziehungskraft der Zeltevangelisation liegt in ihrer Anonymität. Es fällt vielen Menschen leichter, ein Zelt als ein Gemeindehaus zu betreten. Wir erreichen mit den Zelten alle Altersgruppen gut, besonders auch junge Menschen. Im allgemeinen spiegeln die Besucher auch die soziale Schichtung der jeweils evangelisierenden Gemeinde wieder, da sich die meisten Leute fast ausnahmslos von ihresgleichen einladen lassen.

Themen und Seelsorge
Themen, die sich mit dem Leben nach dem Tode befassen (z.B. Ist der Friedhof Endstation?), die Fragestellung nach der Zukunft

(z.B. Was sagt die Bibel über die Zukunft?) oder auch Fragen der Ehe und Sexualität (eigentlich kein klassisches Evangelisationsthema) haben heute ihre besondere Aufmerksamkeit. Ich beobachte aber, daß die Besucher nicht gerade wegen eines besonderen Themas kommen, sondern weil ihnen von der Bibel her die Grundfragen des Lebens und des Glaubens beantwortet werden. Wer offen ist für die Fragen: "Woher? Wohin? Wozu?" – der kommt. Wen das sowieso nicht interessiert, der kommt auch nicht.

Seelsorge wird vorwiegend in Ehe- und Familienproblemen gesucht und in den Fragen der Sexualität. Das hängt wohl auch damit zusammen, daß man solche Problemkreise innerhalb einer Zeltmission mit dem wieder abreisenden Evangelisten "neutraler" besprechen kann. Weiter habe ich festgestellt, daß viele Christen beträchtliche Schwierigkeiten haben, das neue Leben unter der guten Herrschaft Jesu Christi im alltäglichen Leben Gestalt gewinnen zu lassen. Etwa 50 Prozent der Seelsorge liegt hier. Es wird praxisorientierte Hilfe für das neue Leben mit Christus im Alltag gesucht.

Auswirkungen und Ausblick
Die Auswirkungen regelmäßiger Zelteinsätze lassen sich eindeutig feststellen. Mit diesem "Werkzeug" hat Gott bisher sehr viele Menschen zum Glauben an Jesus gerufen, geistliche Aufbrüche geschenkt und alte und neue Gemeinden gebaut. Viele neue Gemeinden entstanden durch die ZELTMISSION. Sie haben viel Wachstum und entscheidende Impulse von Gott durch Zeltevangelisationen erhalten.

Unsere Zeltevangelisationen laufen im Schnitt 12 - 14 Tage. Das hat sich ausserordentlich gut bewährt. Denn viele dem Evangelium fernstehende Menschen kommen erst nach sieben bis acht Tagen, wenn die ZELTMISSION zum Ortsgespräch geworden ist. Und in der zweiten Hälfte eines Zelteinsatzes kommt es auch zu den meisten Bekehrungen, weil das ausgesäte Evangelium seine Kraft entfaltet. Eine längere Evangelisation ist immer die bessere – das hat auch der Apostel Paulus so praktiziert (siehe Apg 19, 8-10). Ich könnte mir auch eine Zeltevangelisation von vier bis sechs Wochen gut vorstellen, wobei sich allerdings mehrere Teams ablösen sollten und zwei bzw. drei Evangelisten die Verkündigung durchführen. (Eine engagierte Evangelisation ist kein Spaziergang, sondern erfordert enorm viel geistliche, seelische und körperliche Kraft). Die baptistische ZELTMISSION hat bereits gute Erfahrungen mit mehrwöchigen Zeltevangelisationen unter der genannten Konzeption hinter sich. Es war z.B. ein Ort, wo man so lange evangelisierte, bis es zur Gemeindegründung kam.

Lohnt es sich?
Lohnt sich das eigentlich? – Diese Frage hat man mir als Evangelist und Leiter der ZELTMISSION schon oft gestellt. Und diese Frage kommt keineswegs von Leuten, die für christliches Engagement nur ein müdes Lächeln übrig haben. Christen stellen mir diese Frage: Lohnt es sich denn eigentlich, immer wieder unterwegs zu sein, von Stadt zu Stadt, von Dorf zu Dorf, um mit den Zelten das Evangelium zu verkündigen? Lohnt sich denn dieser immense Aufwand an Zeit, Geld und Kraft, wenn man das einmal mit den "Ergebnissen" vergleicht?

Weil wir Mitarbeiter von der ZELTMISSION von der Liebe Jesu getroffen wurden, und von dieser Liebe Gottes zu den Verlorenen bestimmt sind, darum ist die Frage: Lohnt es sich eigentlich? für uns schon längst beantwortet. Meine Antwort heißt: Es lohnt sich immer! Denn im Himmel, bei Gott, ist jubelnde Freude über einen Sünder, der umkehrt und das ewige Leben findet. Jedenfalls: Wir von der ZELTMISSION und alle, die mit uns unterwegs sind, um das Evangelium zu verkündigen, wir danken Gott dafür, daß er uns im Triumphzug Jesu Christi mitführt – und uns berufen hat, seine Mitarbeiter zu sein, Menschen zu Jesus zu rufen und sich mitzufreuen, wo ER durch seinen Geist neues Leben schenkt. Und selbst, wenn einmal in einem Zelteinsatz bei aller Mühe und Arbeit "nur" ein Mensch den Frieden mit Gott findet – lohnt sich das denn nicht?
Pastor und Evangelist Manfred Bönig

*Pastor und Evangelist
Manfred Bönig*

Bücher sind der "verlängerte Arm der Evangelisation"
"Preach and print" – predige und schreibe! – das ist das Motto von Evangelist Manfred Bönig, damit das Evangelium auf vielen Wegen zu den Menschen kommt. Er ist Autor von vielen evangelistischen Büchern, die zum Glauben rufen und auf dem Weg des Glaubens "weiterhelfen". Am Schluß des Buches werden seine neuesten Titel vorgestellt.

Evang.-methodistische Kirche – Zeltmission (D)

Alle brauchen Christus

Unsere Ziele
- Menschen sollen zum lebendigen Glauben an Jesus Christus kommen und eine klare Lebensentscheidung treffen.
- Sie sollen in die Verbindlichkeit der Nachfolge und in eine konkrete Gemeinde geführt werden.
- Christen sollen einen Neuanfang im Glauben, im Leben und in der Nachfolge wagen.
- Gemeinden sollen wieder neu ermutigt und motiviert werden, ihrem evangelistisch-missionarischen Auftrag nachzukommen.

Unsere Einsatzgebiete
Wir arbeiten mit unseren Zelten
- in Großstädten und Städten,
- in Kleinstädten und ländlichen Gebieten,
- in der BRD und Berlin-West,
- in Österreich und in der Schweiz,
- in großen und mittelgroßen, aber auch in kleinen und kleinsten Gemeinden und Predigtplätzen, sowie
- in Neulandmissionsgebieten und
- in anderen, besonderen Einsätzen.

Unsere Arbeitsstile und Arbeitsweisen
Den Zeltevangelisationsstil gibt es nicht. Unsere Arbeitsweise ist von vielen verschiedenen Faktoren abhängig, z.B.:

Wer soll angesprochen und erreicht werden?
Welche speziellen Wünsche haben die einladenden Gemeinden?
Welche Redner kommen in Frage oder werden gewünscht? usw.
Folgende Arbeitsweisen und Einsätze haben sich schon gut bewährt:
- "normale" Einsätze, bei denen ein möglichst breites Publikum angesprochen und erreicht werden soll.
- Campingmissionseinsätze,
- Kinder- und Teenagerwochen,
- Jugendevangelisationen (z.B. missionarische Jugendfreizeiten, also eine Kombination zwischen Freizeit und missionarischem Einsatz oder mit einem Team "JMM" – Junge Menschen missionieren, Musikevangelisationen usw.),
- Kontaktevangelisationen (wo man den ganzen Abend über an Tischen sitzt),
- Einsätze bei Kirchentagen, Konferenzen, Messen, Gemeindefesttagen, Freizeiten usw.

Unsere Zelte
Derzeit haben wir vier moderne, parasolpilzförmige Rundzelte von je 10, 15, 20 und 25 Metern Durchmesser im Einsatz.

Diese Zelte fassen ca. 100-150, 250-330, 400-500 und 800-1 000 Personen, je nach der Art der Bestuhlung.

Diese Zelte sind modern ausgerüstet und eingerichtet mit veränderbaren Bühnen, starken Verstärkeranlagen, leistungsfähigen Kassettenkopieranlagen, umfangreichen Büchertischen, je einem zusätzlichen Gebets- und Seelsorgezelt und allem sonst notwendigen Inventar.

Jedes Zelt wird begleitet und geführt von einem Zeltmeister und seinem Helfer, die beide in einem modernen Wohnwagen wohnen. Als Fahrzeug steht ein MB-207-D-Bus zur Verfügung. Die Zelte werden auf eigenen, modernen Wechselbrücken (Containern) transportiert und können auch alle miteinander kombiniert werden, so daß beim Zusammenbau aller vier Zelte bis zu 2 000 Personen Platz finden.

Unsere Mitarbeiter
Dazu gehören derzeit:
- der Leiter der Zeltmission und Beauftragte für Evangelisationen, Pastor Wilfried Bolay,
- die Mitarbeiterin im Bereich Büro- und Kinderarbeit, Frau Ulrike Salzgeber,
- der hauptamtliche Zeltmeister und Verantwortliche für den technischen Bereich, Herr Andreas Lieb,
- die Zeltmeister Klaudia Höhn und Walter Steng, sowie
- für die beiden großen Zelte je ein Zelthelfer, der jährlich wechselt und auf der Basis eines diakonischen Helfers arbeitet.

Außerdem arbeiten in jeder Zeltsaison zirka 15 verschiedene Evangelisten, in der Regel Pastoren unserer Kirche, sowie 25-30 ehrenamtliche Helfer in einzelnen Einsätzen, vor allem in der Neulandmission, als Teammitglieder für eine oder zwei Wochen mit.

Zu den Evangelisten, die häufiger Dienste in unseren Zelten tun, gehören z.B. die Pastoren Günter Engelhardt, Dankmar Fischer, Robert Gaubatz, Reinhart Konzelmann, Horst Knöller, Johannes Schäfer, Johannes Schilling, Friedhold Vogel und viele andere.

Unsere Finanzierung
Die Zeltmission ist ein Werk der EmK, einer evangelischen Freikirche, die sich allein aus den freiwilligen Gaben ihrer Mitglieder und Freunde finanziert und keine Kirchensteuer erhebt.

Die Zeltmission bestreitet ihren Haushalt aus Kollekten, dem Verkauf von Büchern und Vortragskassetten, vor allem aber durch Spenden eines kleinen aber sehr treuen Freundeskreises von derzeit ca. 1 000 Personen.

Die laufenden Kosten betragen ca. 750 000.— DM pro Jahr. Davon müssen über 300 000.— DM von diesem Freundeskreis als Spenden aufgebracht werden. Nach einer tiefen wirtschaftlichen Krise in den Jahren 1984-87 sehen wir nun wieder hoffnungsvoll in die Zukunft.

Unsere Zusammenarbeit

In der Regel führen wir unsere Einsätze auf Einladung einer unserer Ortsgemeinden auf der Ebene der EmK durch. Ist vor Ort aber eine gute, gewachsene Allianzarbeit oder werden wir gar von einem örtlichen Allianzkomitee eingeladen, so arbeiten wir natürlich auch auf der Ebene der Evangelischen Allianz.

In Ausnahmefällen, wie z.B. in der Campingmission oder wenn vor Ort die Gegebenheiten entsprechend sind und der Wunsch laut wird, arbeiten wir auch in Zusammenarbeit mit einem örtlichen Kreis der ACK (Arbeitsgemeinschaft Christlicher Kirchen).

Gelegentlich vermieten wir unsere Zelte auch an andere, fremde Werke, wobei wir dann nur die Zelte und das Inventar stellen, für das, was dort geboten wird, aber keine inhaltliche Verantwortung tragen.

Wir sind dankbar für die fast immer gute Zusammenarbeit mit anderen Gemeinden und Kirchen, insbesondere mit der Campingmission "Kirche Unterwegs" der Württembergischen Ev. Landeskirche.

Unsere Geschichte

Die Zeltmission ist in unserer Kirche schon ein betagtes "Missionsmöbel", wie es mein Vorgänger im Amt, Pastor August Liese, gerne auszudrücken pflegt. Schon 1926 wurde in der damaligen "Bischöflichen Methodistenkirche" mit dem Einsatz eines Missionszeltes in Deutschland begonnen. Diese Arbeit stand unter großem Segen Gottes und konnte bis 1941 getan werden.

Nach einer kriegsbedingten Zwangspause wurde am 1. Mai 1949 wieder ein Zelt in Dienst genommen. Damals taten sich die beiden evangelischen Freikirchen "Bischöfliche Methodistenkirche" und "Evangelische vereinigte Brüderkirche" zusammen und führten die Zeltmission als erstes gemeinsames kirchliches Projekt durch. (Im Jahr 1968 vereinigten sich dann ja diese beiden Kirchen zur "EmK" (Evangelisch-methodistischen Kirche).

Somit war die Zeltmission in unserer kirchlichen Tradition 1986 schon 60 Jahre alt. Rechnet man aber die Zeit nach dem Wiederbeginn 1949, so ist die Zeltmission 1989 40 Jahre alt geworden. Aus diesem Grund wird auch eine Jubiläumsschrift zur festlich gestalteten Aussendungsfeier in Marbach/Neckar am 30. April 1989 erscheinen.

Die Pastoren Fritz Müller (bis 1956), Gustav Bolay (bis 1970), August Liese (bis 1986) und Wilfried Bolay sind die verantwortlichen Leiter der Zeltmission nach dem Krieg gewesen.

Bekannte Evangelisten, wie z.B. Pastor Heinz Stossberg von der früheren Ev. Gemeinschaft und viele andere haben in diesen Jahren in vielen Einsätzen zu ungezählten Menschen gesprochen. Tausende haben eine klare Entscheidung für Jesus Christus getroffen, ca. 30 davon haben später den Weg in das Predigtamt in unserer Kirche eingeschlagen.

Von Anfang an gehörte die Kinder- und Jugendarbeit als wesentlicher Teil zu einem Zelteinsatz hinzu. Viele Kindertanten und -onkel haben diesen immer schwerer werdenden Dienst getan. Ruth Burkhard, Heinz Dreilich, Bernd und Lydia Nolte, Eva und Jürgen Jordan und viele andere gehörten dazu. Ihr treuer, froher Dienst hat ungezählten Kindern Jesus lieb gemacht und den Weg zu ihm gezeigt.

Immer wieder begegnen uns ältere und jüngere Menschen in unseren Gemeinden und weit darüber hinaus, die bekennen, durch den Einsatz eines unserer Zelte den Weg zum Glauben und in die Gemeinde gefunden zu haben. Gott hat in diesen über 40 bzw. 60 Jahren den Dienst der Zeltmission und ihrer Mitarbeiter reich gesegnet.

Dennoch wurde die Zeltmission auch nicht von Krisen verschont, im Gegenteil: Es war immer ein Auf und Ab, es gab immer wieder ein Hoch, aber bald darauf schwere Schläge, sei es, daß eines der Zelte durch einen Gewittersturm zerstört wurde, sei es, daß geeignete Evangelisten und Mitarbeiter fehlten usw. Und dennoch ging es immer wieder mit neuer Kraft weiter.

Die schwerste Krise kam wohl in den letzten Jahren ab ca. 1983: Immer weniger Gemeinden und Pastoren luden die beiden

Zelte ein, 1986 hatten wir nur mehr sieben Einsätze im ganzen Sommer. Dazu kam, daß die finanziellen Rücklagen verbraucht und die Zelte samt Inventar dringend erneuerungsbedürftig waren.

Als ich meinen Dienst in diesem Jahr in der Zeltmission begann, wußte ich nicht, was auf mich zukommen und wie es überhaupt weitergehen würde. Doch Gottes Möglichkeiten sind größer als unsere, seine Pläne sind wunderbarer, als wir es uns vorstellen können. Es geschahen mindestens drei Dinge, die, jedes für sich genommen, ein Wunder darstellen:

1. Die Spenden, die zur Erneuerung der Zelte und ihres Inventars, für Fahrzeuge und zur Deckung der immer höheren Kosten der Einsätze und der Gehälter nötig waren, kamen ein, aufgebracht von unserem treuen Freundeskreis. So stieg das Spendenaufkommen von 1986-88 um über 300%!

2. Ein ganz neues Bewußtsein der Dringlichkeit und Notwendigkeit der Evangelisation macht sich derzeit unter vielen (vor allem jüngeren) Pastoren und Gemeinden in unserer Kirche bemerkbar. Viele haben dabei auch unsere Zelte als geeignete evangelistische Hilfsmittel erkannt. Zeltmission scheint in der EmK bei vielen (natürlich noch lange nicht bei allen) Gemeinden und Pastoren, wieder "in" zu werden.

3. Das hat zur Folge, daß wir inzwischen vier Zelte im Einsatz stehen haben. So hat sich die Zahl unserer Einsätze von 7 in 1986 auf 24 in 1989 erhöht. Erstmals seit sehr langer Zeit sind unsere Zelte auf zwei Jahre hinaus fast ganz ausgebucht. Gute Termine sind 1991 schon reserviert. Diese Entwicklungen waren noch vor einem Jahr nicht abzusehen und sind für mich ein klares Zeichen des Wirkens Gottes, ein Zeichen, daß er auch in Zukunft den Einsatz unserer Zelte segensreich gebrauchen will. Tatsächlich war auch schon lange kein Sommer mehr so gesegnet wie der von 1988. Über 1 100 Menschen im großen Zelt an einem Ort pro Abend, dazu über 260 Kinder pro Nachmittag in der Kinderstunde, das sind Zahlen, die dankbar stimmen. Aber nicht die großen Zahlen sind es, die Gottes Wirken deutlich machen. Unsere Neulandmissionseinsätze und die in unseren kleinen Aussen-

gemeinden konnten oft nur knapp 100 Menschen pro Abend erreichen. Aber sie sind nach meiner Erfahrung missionarisch gesehen die erfolgreichsten. Kleine, überschaubare Arbeiten, bei denen man an Tischen sitzt, nach der Verkündigung ins Gespräch kommt und sich um den einzelnen Menschen besonders kümmern kann, sind meist erfolgreicher als Großeinsätze, zu denen viele Menschen mit Omnibussen von weit her gefahren werden.

Ich möchte unseren Gemeinden, gerade auch den kleinen, ausdrücklich Mut machen zu einem Zelteinsatz, freilich zu einem kleinen, in bescheidenem Rahmen und Umfang. Wenn ein kleines Mitarbeiterteam von auswärts die Arbeit unterstützt, kann jede Gemeinde, und sei sie noch so klein und schwach oder überaltert, einen solchen Einsatz wagen. Ich habe dies als Gemeindepastor selbst erlebt und erlebe es nun in der Leitung der Zeltmission jedes Jahr neu.

Der Wohnwagen des Zeltmeisters ist aufgestellt – es kann losgehen!

Warum gerade Zeltmission?
Diese Frage wird mir immer wieder gestellt. Die Antwort ist klar: Weil in ein Zelt auch heute noch oder erst recht wieder am meisten glaubensferne Menschen kommen. Das Zelt ist also ein sehr geeignetes missionarisch-evangelistisches Instrument. Eine Untersuchung hat das folgende interessante Ergebnis erbracht:

Wird in eine Kirche zu einer Evangelisation eingeladen, so kann man durchschnittlich mit zirka drei Prozent glaubensferner Besucher rechnen. Ist es ein öffentlicher Raum, etwa eine Stadthalle oder ein anderes kommunales Gebäude, so werden es schon ca. 5-10 Prozent. Und im Zelt werden zirka 10-30 Prozent Fremde erreicht. Dies hat sicher verschiedene Gründe. Das Zelt:

- hat eine sehr niedere "Hemmschwelle". Man geht leichter ins Zelt als in eine Kirche oder ein anderes Gebäude.
- ist konfessionell neutral, auch wenn natürlich ganz klar sein muß, wer dahintersteht und der Träger ist.
- ist nur für kurze Zeit da, dann zieht es weiter. Es besteht also kein so großer Erwartungsdruck, wiederkommen zu müssen.
- vermittelt durch seine Einrichtung, seinen Raum und die inhaltliche Gestaltung der Abende, durch seine besondere Atmosphäre also, eine ungezwungene Offenheit und Unverbindlichkeit, die dem modernen Menschen zunächst entgegenkommt.
- hat etwas vom Zirkusflair an sich. Das ist besonders für Kinder, aber auch für Erwachsene von großer Bedeutung (Bierzelt, Festzelt, Zirkuszelt, da ist der Weg ins "Missions"-Zelt nicht mehr weit).

In rund drei Stunden wird der ganze Aufbau "erledigt" sein.

Alle diese Gründe und noch viele mehr machen das Zelt zu einem sehr geeigneten evangelistischen Hilfsmittel. Darüberhinaus ist der Wert eines Zeltes für die Öffentlichkeitsarbeit und damit verbunden für die Steigerung des Bekanntheitsgrades einer Gemeinde, besonders, wenn sie ohnehin klein und unbedeutend ist, von unschätzbarem Wert. Durch nichts wird eine kleine Gemeinde in ihrer Umgebung so bekannt wie durch einen oder mehrere hintereinander durchgeführte Zelteinsätze. Wir sind gewiß, daß Gott den Dienst unserer Zelte auch in den nächsten Jahren reich segnen wird. Und vielleicht, ja vielleicht begegnen wir uns einmal in einem unserer Zelte...

Pastor Wilfried Bolay

Über 150 Jugendliche folgten in Welzheim dem Ruf ins Zelt

"Hinausgehen zu den Leuten", das hat sich die Evangelische Allianz für ihre Zeltmission aufs Panier geschrieben. Eine Sonderaktion war jetzt der Schulbesuch von mehreren Mitarbeitern der Zeltmission.

Am frühen Morgen wurden die Schüler vor dem Schulzentrum mit Schlotzern begrüßt. Ein Fähnchen mit der Aufschrift "Schule gut – Zelt besser!" erinnerte nochmals an die Schülerstunden mit Kindermissionarin Ulrike und an die "Aktuellen Abende" mit Evangelist Friedhold Vogel.

Gute Bücher – eine zusätzliche Saat – warten auf Abnehmer

In Religionsstunden des Gymnasiums und der Realschule berichtete Friedhold Vogel von der missionarischen Arbeit im Missionszelt. Gespannt folgten die Schüler den Ausführungen Vogels, als er ihnen den Weg eines Lebens mit Jesus beschrieb, von dem der ZDF-Sportchef Dieter Kürten sagt: "Ich erkannte, daß Christus mich liebt, daß er meine Schuld ans Kreuz getragen hat. Ich sah, daß ich mich voll und ganz auf Christus verlassen kann. Irgendwann merkte ich, dass ich ihn liebe. Heute kann ich sagen: Es kommt nicht darauf an, diesem oder jenem Ziel zu folgen, sondern das eindeutig schönste Ziel ist Christus und das Leben mit ihm."

Vogel hatte auch einen Mitarbeiter dabei, der gerade sein Abi in Welzheim mit gutem Erfolg bestanden hatte. Die Schule hat der "lange Tilli" (Maier) ernst genommen. Jetzt nahmen ihn die Schüler ernst, als er ihnen berichtete, wie er bei der Aktion "Sportler ruft Sportler" (Tilli ist ein guter Handballspieler) jungen Menschen berichtete, daß Jesus Christus eine Realität ist. Etliche Schüler werden mehr von "diesem Jesus" hören, wenn sie abends in der Zelthalle bei der Bürgfeldschule sind.

Evangelist Friedhold Vogel

Nachmittags tummelten sich über 150 Schüler im Missionszelt. Die Kinder lauschten den Ausführungen der Kindermissionarin Ulrike, als sie ihnen erklärte, wie man ganz direkt mit Gott reden kann.

Auf den Straßen und Schulhöfen hatten sich offensichtlich viele vom Missionsteam der Evangelischen Allianz zu den "Aktuellen Abenden" einladen lassen. Jugendreferent Ernst Wütherich konnte jedenfalls an diesem Abend 530 Zeltgäste begrüßen, die der Zeltmeister Andreas mit seinem Helfer Raphael gezählt hatten. Ihr Kommentar: "Ihr in Welzheim habt aber viele junge Leute, ständig kommen da mehr!"

Junge und ältere Leute sangen dann gemeinsam flotte Lieder, die mit Gitarre und Klavier begleitet wurden. Applaus erhielt der Evangelische Allianzchor, der unter der Leitung von Realschullehrer Rainer Kollmer zwei schmissige Chorlieder vortrug. Als Pastor Vogel frei sprechend mit seinen Ausführungen zum Thema "Aberglaube ist auch Glaube" begann, war in der Zelthalle eine geradezu atemberaubende Stille.

Seelsorgehelfer reichten nicht mehr aus!

(Bericht eines Augenzeugen)

Daran hat wohl vorher kaum jemand gedacht: daß die Zahl von 15 Seelsorgehelfern nicht ausreichen würde!

Beim Aufbau von Zelt I und III in Öhringen sagte mir einer unserer Mitarbeiter: "Das kleine Zelt mit ca. 100 Sitzplätzen reicht für Öhringen aus. Weshalb bauen wir noch das große Zelt mit über 800 Plätzen auf?"

Nun, es sollte ganz anders kommen. Bereits am Eröffnungsabend kamen mehr als 200 Menschen, und täglich wurden es mehr.

Im Laufe der zwölf "Aktuellen Abende" erlebten wir viele Wunder, und wir sind noch immer sehr dankbar für das, was Gott bei uns tat.

Nach rund 15 Jahren hat es unser Bezirk wieder einmal gewagt, zusammen mit der Zeltmission unserer Kirche in Öhringen eine Evangelisation durchzuführen. Im Vorfeld gab es nicht nur viele Erwartungen und Hoffnungen, sondern auch viele Ängste und Bedenken, wie wohl alles laufen wird und ob wir die Arbeit "verkraften" können.

Da wir die Zeltarbeit als EmK-Bezirk allein durchführten, galt es zusammenzuhalten bei den Vorbereitungen, in der Organisation, beim Zeltauf- und -abbau, sowie auch an den Abenden selbst. Unser Zeltmeister, Andreas Lieb, sein Helfer Raphael Gauch, die neue Mitarbeiterin für die Schülerstunden, Ulrike Salzgeber, und vor allem Pastor Friedhold Vogel mit seinem Team ermöglichten uns ein gutes Miteinander.

Schon beim "offenen Singen" entstand eine gute Atmosphäre im Zelt. Chöre von den Nachbarbezirken und unser eigener Gemeindechor trugen ihren Teil dazu bei. Das "Vorprogramm" mit Anbetungsliedern, Gebet, Begrüßungsteil und Interviews im "Zeltcafé" war wichtig und führte die Besucher zur Verkündigung von Pastor Vogel hin. Er sprach über das Vaterunser und lud die Zuhörer zu einer persönlichen Lebensübergabe an Christus ein. Das Wunder geschah: Rund 100 Menschen kamen zum Glauben oder erneuerten ihre Entscheidung für Christus. Sie bezeugten dies, indem sie nach entsprechender Einladung nach vorne kamen. An den letzen drei Abenden reichte die Zahl unserer Seelsorgehelfer nicht mehr aus. Im Tee- und Gesprächszelt hielten sich weitere 50 bis 60 Menschen auf und warteten auf Gesprächspartner oder auch nur auf Tee.

Menschen stehen vor der wichtigsten Entscheidung ihres Lebens

Doch wir schafften es: Dank der vielen Gebete vor und während der Zeltarbeit, dank des Einsatzes und der Mithilfe vieler Mitarbeiter. Zuletzt stieg der Besuch auf über 500 Personen an, die Zahl der Kinder in den Schülerstunden stieg von 30 auf über 70. "Zeltzeit ist Segenszeit", sagte einer unserer Brüder bei der abendlichen Begrüßung. Wir haben es erlebt!

Was bleibt, nachdem die Zelte wieder abgebaut sind? Die Zeltabende haben unsere Öhringer Gemeinde verändert. Das spüren wir in der Bibelstunde, in den Gruppen und Gottesdiensten.

Zahlreiche junge Leute aus unseren Reihen haben sich neu entschieden. Andere gehören landeskirchlichen Gemeinden und Kreisen an und sind dort auch beheimatet.

Zeltmission der VFMG

(Vereinigung Freier Missionsgemeinden, Schweiz)

Bei der "Missions-Chance für Europa" darf auch die Zeltmission der VFMG mithelfen. Sie ist eine der Missionen, die als indirekten Vorgänger Evangelist G.R. Brinke hat. Diesem wiederum ist Evangelist Jakob Vetter als Beispiel und Vorbild vorgespannt. G.R. Brinke half die Zeltmissionen in der Schweiz prägen. Er half mit, daß ein sehr wirksames Mittel der Evangelisation nicht brach liegen blieb. Brinke starb am 5. Mai 1972 in seinem 86. Lebensjahr. Seine Initiativen waren wegweisend für die Verbreitung des Evangeliums bis weit über die Landesgrenzen der Schweiz hinaus.

Summierte Treue im Kleinen
1968 begann die Zeltmission der VFMG mit einem Rundzelt ihre Evangelisationsarbeit. In vielen Einsätzen dienten die Evangelisten Peter Zürcher, ehemaliger Vorsteher der VFMG, und Prof. Pfr. Erich Mauerhofer. Bruder Zürcher, ein Mann der alten Garde, war einer der Multiplikatoren in der missionarischen Zeltarbeit. Er war maßgebend daran beteiligt, seinerzeit die Zeltmission des Evangelischen Brüdervereins, jene der Vereinigung Freier Missionsgemeinden und in Österreich in der Volksmission einzuführen. Das waren immerhin vier Zelte. Es gab verschiedene sehr gesegnete Evangelisationen im In- und Ausland.

1977, also im zehnten Jahr dieses Missionszweiges, konnte dieses Schweizerzelt bereits den 100. Einsatz bei einer Evangelisation in Sizilien durchführen.

1981 konnte ein zweites Zelt in den Dienst genommen werden. Es ist eine Zelthalle für rund 350 Personen.

1984 folgte bereits die 200. Zeltevangelisation.

1989 wird das Jahr sein, in dem der 300. Einsatz gefeiert werden kann. Zudem sehen wir vor, das kleinere Dorfeinsatzzelt durch eine etwa 150plätzige Traglufthalle zu ersetzen.

Vom Praktischen her gesehen bedeutet das, daß an 600 Arbeitstagen die Zelte auf- oder abgebaut wurden.

Anders ausgedrückt: Während 2 Jahren wurde lückenlos Auf- und Abbau der Zelte betrieben. Nur schon diese praktische Arbeit hat viel Kraft gekostet.

Die Zeltmission ist mehr als ein Abenteuer

Im Jahre, als G.R. Brinke von seinem Herrn und Heiland heimgerufen wurde, berief mich die VFMG zu ihrem Evangelisten. Inzwischen hatte ich jeden Sommer mehrere Zeltevangelisationen. Zehn Jahre später wurde Alfred Hählen und mir die Verantwortung für diesen Missionszweig übertragen. Heute bin ich dessen Geschäftsführer. Für die Materialfragen, das Mitplanen und auch als Evangelist steht mir nach wie vor Alfred Hählen zur Seite.

Evangelist G.R. Brinke

Die Zeltmission ist immer wieder für Abwechslung, Einsatz und Erlebnisse gut. Das Jahr 1988 war für mich ein recht interessantes. Ich durfte an verschiedenen Plätzen fünf Zeltmissionen als Evangelist dienen:

08.05.-15.05.	CH Heimberg	Zeltmission der VFMG
20.05.-29.05.	CH Fehraltdorf	Zeltmission der St. Chrischona
07.06.-11.06.	CH Bulle	Tente de l'UAM
17.06.-19.06.	D Breitenberg	Zeltmission der Liebenzeller Mission
07.09.-11.09.	CH Saignelégier	Tente Romande

Außer einem schwierigen Pionier-Einsatz durften überall Menschen durch Jesus gerettet werden.

Gott braucht die Zeltmission auf mannigfaltige Weise, um durch seinen Sohn Sünder zu Kindern Gottes zu machen. Im Mai 1986 evangelisierte ich in Lustenau, Vorarlberg (Österreich). Es war ein gewittriger Abend. Unter anderem predigte ich über die Sintflut. Als das Gericht verkündigt und die Gnade Gottes angeboten war, sang der Chor noch ein Lied. Kaum war der Aufruf zur Entscheidung vorbei und der Abend abgeschlossen, da redete Gott noch einmal. Es fing sintflutartig an zu regnen. Es blitzte, windete und donnerte. Das Licht ging aus. Niemand konnte das Zelt verlassen. Und da der Zeltplatz in einer Mulde lag und der Boden des Fußballfeldrandes, wo das Zelt stand, eine recht harte Unterlage hatte, konnte das Wasser nicht versickern. Es stieg und stieg. Viele flüchteten sich aufs Podium oder kletterten auf die Stühle. Man bekam eine Ahnung, was die Sintflut eigentlich war. Ein Reden Gottes! Und einige haben dieses Reden verstanden. Es gab Bekehrungen. Der Herr gebrauchte dazu die Zeltmission, die Botschaft und das Wetter.

Bei einem anderen Einsatz im Zelt, es war in Hessigkofen, predigte ich über Nikodemus. Als ich Johannes 3 gelesen hatte, begann ich den Abend mit den Worten: "Nikodemus kam zu Jesus bei Nacht." Da ging das Licht aus. Es wurde dunkel. Nachträglich stellten wir fest, daß uns die Feuerwehr wohl einen kleinen Scherz machen wollte. Aber gerade diesen Abend hat der Herr gebraucht. Ohne Manuskript, ohne Licht, so mußte ich predigen. Und der Herr gab Gnade. Ich konnte zeigen, wie auch wir aus unserer Nacht heraus zu Jesus kommen dürfen. Wie er Heil schenkt, Vergebung und ewiges Leben. Trotz (oder gerade wegen?) dem Lichtunterbruch konnten wir erleben, daß sich Zuhörer für das Evangelium öffneten.

Evangelist Mathieu Eggler

Eine Zeugnisbotschaft vom Zelt:

Höre auf mit Kratzen – glaube nur!

Einmal besuchte ich eine Familie. Ich traf sie halb lachend, halb weinend an. Da ergab sich ein Gespräch:

Ich: Was ist denn bei euch passiert? Warum kratzt ihr euch alle?

Familie: Wir haben Läuse!

Ich: Was, Läuse! Was habt ihr denn getan? Die Haare nicht gewaschen, einen Hund gekauft, oder was ist da los?

Familie: Nichts von alledem. Man hat in der Schule festgestellt, daß ein Algerierkind die Haare voll Läuse hat. Läuse, Läuse und Tausende von Eiern. Wir sind nicht schuld, daß die Schule und jetzt die ganze Familie angesteckt ist, daß es alle beißt.

Ich: Aber wenn ihr nicht schuld seid, warum müßt ihr denn darunter leiden? Hört doch auf mit Kratzen!

Familie: Ein Kind hat die Läuse in die Schule gebracht, und durch diese Läuse ist das Beißen auf die ganze Familie gekommen.

Bei dieser Geschichte habe ich an einen Bibelvers gedacht. Ich habe ihn für mich so übertragen:

"Wie durch einen Menschen die Läuse in die Schule gekommen sind und durch die Läuse das Beißen, so ist das Beißen zu der ganzen Familie durchgedrungen, weil sie alle Läuse haben."

Ohne Schuld wurde diese Familie von den Viechern befallen. Ohne ihr Dazutun werden sie gebißen. Es ist sogar so, daß plötzlich unbetroffene Zuhörer anfangen, sich zu kratzen. Es geht vielleicht nicht lange, so fühlen auch Sie, liebe Zuhörer, überall Läuse, weil ich bei jener Familie gewesen bin.

Und nun lese ich den Vers so, wie dieser in der Bibel steht.

Römer 5, 12: "Deshalb, wie durch einen Menschen die Sünde in die Welt gekommen ist und der Tod durch die Sünde, so ist der Tod zu allen Menschen durchgedrungen, weil sie alle gesündigt haben."

Also: *Ein* Mensch hat gesündigt und öffnete so der Sünde die Tür. Durch diese Tür ist dann die Sünde zu allen Menschen durchgedrungen. Die Sünde aber bedeutet den Tod.

Nun gibt es Menschen, die sagen: "Das ist eine Zumutung, so etwas zu glauben! Wie bitte? Wir sollen die Folgen tragen, weil irgend einmal ein Einzelner falsch gespurt hat?! So etwas gibt es nur im Märchenreich!"

Ich denke hier an eine furchtbare Explosions-Katastrophe in Spanien. Um die 200 Menschen sind dabei umgekommen. Einige der Getöteten wohnten ganz in unserer Nähe, in Sonceboz.

Frage: Was hat denn da der Einzelne getan, daß jene Zisterne voll Gas in die Luft gegangen ist?

Die Antwort ist recht einfach. Sie haben nichts dazu beigetragen. Alle diejenigen, die da auf dem Camping wohnten, die sind in bezug auf die grauenhafte Explosion völlig unschuldig.

Nur an *einer* Stelle hat es gefehlt. Das Unternehmen des Lastzuges hat in fahrlässiger Weise die Sicherheitsvorkehrungen mißachtet. Wegen dieser großen Schuld von Einzelnen wurde ein ganzer Campingplatz ausgelöscht, dem Erdboden gleich gemacht.

Wir gehen zurück zu unserem Bibelvers. Er sagt ein Zweifaches, nämlich:

a) Die ganze Menschheit sei von einem Menschen her mit der Sünde angesteckt worden!
b) Wegen der Sünde müsse der Sünder, der gesündigt hat, sterben!

Wir wenden uns einen Moment der zweiten Aussage zu:

Die Bibel sagt, wegen der Sünde eines Menschen sei *der Tod* zu allen Menschen durchgedrungen. Das bedeutet, daß auf der Sünde Gottes Todesstrafe liegt. Stimmt das oder stimmt das nicht? Wir müssen alle bestätigen, daß dies eine harte Tatsache ist. Was wir um uns herum sehen, bestätigt die biblische Aussage. Bis jetzt mußten alle Generationen sterben. Wir wissen sogar, daß auch wir früher oder später sterben müssen. Es gibt da nur eine Ausnahme: Die Gläubigen, die zum Zeitpunkt von Jesu Wiederkunft leben werden, die müssen nicht sterben, sondern sie werden verwandelt und entrückt.

Jetzt kommen wir zum ersten Punkt.

Dazu sagt die Bibel: durch einen Menschen sei nicht nur der Tod, sondern auch *die Sünde* zu allen Menschen durchgedrungen. Stimmt das eigentlich?

Prüfen wir uns einmal selber. Angenommen, jeder von uns hätte jetzt auf der Stirne einen Fernsehschirm, und wir könnten einander, jeder beim Nächsten, die Gedanken der letzten Woche ablesen. Was wäre da wohl die Reaktion? Ich bin überzeugt, daß das Zelt immer leerer würde. Am Schluß der Stunde wäre vielleicht niemand mehr hier. Warum?

Jesus Christus hat einmal gesagt, daß der Mensch nicht nur mit Taten sündige, sondern auch in der Gedankenwelt. Die meisten Sünden fangen in Gedanken an.

Die Bibel sagt in Römer 3, 23: "Denn es ist hier kein Unterschied: Sie sind allesamt Sünder und ermangeln des Ruhmes, den sie bei Gott haben sollten."

Adam hat beim Sündenfall die Tür geöffnet, durch die ohne unsere persönliche Schuld die Veranlagung zum Sündigen und der Tod bis zu uns durchgedrungen ist. Wo wir hinschauen, wird diese Aussage bestätigt:

– Denkt einmal an alle die Toten und die Greueltaten des Zweiten Weltkrieges! Der Mensch zeigte sich als wahres Raubtier. Seine gefallene Natur kam zum Vorschein.

– Oder denkt einmal an all die kaputten Familien – nur bei uns in der Schweiz. Wir sind soweit, daß bald mehr Ehen auseinandergehen als geschlossen werden.

Die vielen Ehen, die geschieden werden, die gehen nicht darum zu Grunde, weil man zu dumm wäre, den Partner des Lebens zu finden. Nein, die Bibel sagt: die Sünde ist der Leute Verderben.

Man verletzt sich gegenseitig, man ist sich untreu, und schließlich geht man auseinander. Die Bibel sagt in Philipper

2, 3-4, daß der Zank da sei, weil ein jeglicher eben nur auf das Seine schaue! Dabei gehen die Dinge um uns herum zu Grunde. – Beobachtet einmal unseren Drang, alles kaputt zu machen. Die ganze Umwelt steht in Gefahr, von uns vernichtet zu werden. Eine Tierart nach der anderen muß dran glauben. Aber nicht genug damit, das Mittelmeer ist bald ein "totes Meer."

Die Bibel vergleicht die Sünde oft mit dem Aussatz. Dieser ist eine schreckliche, früher unheilbare und ansteckende Krankheit. Wer von ihr befallen wurde, der ging dem sicheren Tod entgegen.

Das letzte Buch der Bibel redet vom Himmelreich. Es steht dort: "Und nichts Unreines wird hineinkommen und keiner, der Greuel tut und Lüge, sondern allein, die geschrieben stehen in dem Lebensbuch des Lammes" (Offb 21, 27).

Eine andere Stelle dieses Buches sagt: "Draußen sind die Hunde und die Zauberer und die Unzüchtigen und die Mörder und die Götzendiener und alle, die die Lüge lieben und tun" (Offb 22, 15).

Der gefallene Mensch, wenn er nicht umgestaltet wird, hat im Himmel keinen Zutritt. Wer weiß, was er dort nicht alles kaputt machen würde.

Der Mensch aller Generationen und aller Rassen ist mit dieser Seuche, der Sünde, angesteckt.

Auf der sündigen Menschheit liegt Gottes Todesstrafe.

Wenn also gestorben sein muß, warum hat Gott nicht Adam gleich mit einem Blitz erschlagen? Warum hat er nicht gleich nach der ersten Sünde einen dicken Todesstrich unter die Menschheitsgeschichte gezogen? Der Mensch hat sich damals von Gott abgewendet – warum wurde nicht damals gleich Schluß gemacht? Gott hat doch gesagt: "Aber von dem Baum der Erkenntnis des Guten und Bösen sollst du nicht essen; denn an dem Tage, da du von ihm issest, mußt du des Todes sterben" (1. Mose 2, 17)!

Genau an diesem Punkt müssen wir ansetzen. Hier setzt Gottes Gnade ein.

Es gibt eine Gnade im Gericht. Gott sagte zu der verführerischen Schlange: "Und ich will Feindschaft setzen zwischen dir und dem Weibe und zwischen deinem Nachkommen und ihrem Nachkommen; der soll dir den Kopf zertreten, und du wirst ihn in die Ferse stechen" (1. Mose 3,15). Unsere ersten Eltern haben gesündigt. Auf ihrer Sünde lag Gottes Todesstrafe. Sie mußten sterben – wenn auch nicht sofort. Gott gab ihnen Zeit, Kinder zu zeugen, damit seine Verheißung später in Erfüllung gehen konnte. Auch diesen Kindern, die ebenso von der Sünde angesteckt waren, gab er wieder Zeit, um ihrerseits wieder Kinder zu haben.

Gott bereitete die Errettung vor
Irgendwann in der Kette der Nachkommen kam dann der Eine, der helfen konnte: JESUS CHRISTUS, Gottes Sohn.

Römer 5,18: "Wie nun durch die Sünde des Einen die Verdammnis über alle Menschen gekommen ist, so ist auch durch Gerechtigkeit des Einen für alle Menschen die Rechtfertigung gekommen, die zum Leben führt."

Jesus Christus starb am Kreuz von Golgatha stellvertretend für unsere Sünden.

2. Korinther 5, 21: "Denn er hat den, der von keiner Sünde wußte, für uns zur Sünde gemacht, damit wir in ihm die Gerechtigkeit würden, die vor Gott gilt."

Jesus hat für uns den Sieg vollbracht. Zwei Dinge sind hier zu unterstreichen:
a) Er nahm unser Todesurteil auf sich und starb für unsere Sünden. Er durchbrach also am Kreuz den BANN DER SÜNDE.
b) Er blieb nicht im Tod; er ist auferstanden. An Ostern durchbrach er den BANN DES TODES.

Ohne unser Dazutun sitzen wir von Natur aus im falschen Zug. Wir sind in dem Zug, der nicht ans rechte Ziel kommt. Wir fahren nicht in die richtige Richtung.

Nun aber kam, ohne unser Dazutun, der Eine, der für uns eine Rettungsaktion einleitete.

Wir können die dargebotene Hand annehmen oder ausschlagen. Wir können ja sagen oder auch nein sagen.

Gott zwingt uns nicht, gerettet zu werden. Ich fuhr mit der Eisenbahn von Luzern nach Meiringen. Kurz vor dem Brünig-Paß sagte man uns:

"Der Zug kann nicht weiter fahren. Wegen einem Gewitter kommt er nicht bis nach Meiringen." – Das war nicht der Fehler der Reisenden. – Man sagte uns weiter: "Aber auf dem Brünig steht ein Postauto bereit. Ihr müßt in dieses umsteigen."

Das Gewitter war nicht einem Fehler von uns zuzuschreiben. Genauso stand auch ohne unser Dazutun ein Postauto bereit. Nur eines mussten wir: UMSTEIGEN!

Wer nun nicht nach Meiringen kam, der war selber schuld. *Wegen einem Menschen ist die Menschheit im falschen Zug. Aber ohne ein Verdienst auf unserer Seite ist Rettung möglich.*

Diese Rettung ist möglich, weil Gott die verlorenen Menschen so liebt, daß er uns seinen Sohn Jesus gegeben hat. Dieser bezahlte für uns. Er starb für uns.

Die Menschen gehen im Grunde genommen nicht verloren wegen der sogenannten Erbsünde, auch nicht wegen begangener Sünden, sondern laut Johannes 16, 9 wegen der Sünde: "dass sie nicht an mich glauben."

Nicht an Jesus glauben ist im Grunde genommen eine grobe Starrköpfigkeit und Undankbarkeit.

Deshalb gibt es, um gerettet zu werden, nur eines: einmal UMSTEIGEN! Das ist vorerst einmal ein Zweifaches:

– AUSSTEIGEN. Das bedeutet, daß man einmal anerkennt: Ich bin im falschen Zug. Daß man seine Sünden zugibt und bereit ist, damit zu brechen. Ausgestiegen muß einmal sein. – Der Sünde den Rücken kehren, das muß einmal gemacht werden. Wie sollte mich Jesus von etwas befreien, mit dem ich noch ständig liebäugle!

– EINSTEIGEN. Das heißt, sich dem Herrn Jesus ganz und gar anvertrauen. Glauben, daß meine völlige Errettung allein durch seinen Tod und seine Auferstehung geschehen kann. Glauben, daß das für mich geschah. Seinem Wort glauben. "Wie viele ihn aber aufnahmen, denen gab er Macht, Gottes Kinder zu werden, denen, die an seinen Namen glauben" (Joh 1, 12).

Man kann Jesus z.B. mit folgendem Gebet annehmen:

"Herr Jesus Christus, ich brauche dich! Ich habe bisher ohne dich gelebt und hätte die Hölle verdient. Ich habe gegen dich gesündigt, vergib mir meine Schuld! Befreie mich von Satans Banden! Ich öffne dir mein Leben und bitte dich, mein Erlöser zu sein. Du bist auch für mich am Kreuze gestorben. Übernimm die Herrschaft in meinem Leben! Ich vertraue mich dir an. Verändere mich so, wie du mich haben willst! Habe Dank, Herr, mein Heiland und Gott. Amen."

Nach der Bekehrung sollten alle sobald als möglich Römer 10, 10b wahrmachen: "Wenn man mit dem Munde bekennt, so wird man gerettet!"

Das muß nicht gerade sofort der Welt gegenüber sein. Aber den Eltern, einem gläubigen Freund oder jemandem in der Gemeinde sollte man das Erlebnis unbedingt erzählen. Sonst bekommt es keinen Verbindlichkeitscharakter.

Dieses Bezeugen kann auch in einem Brief oder in einem Gebet vor Zeugen ausgesprochen werden.

Es ist wahr, was die Bibel in Römer 10, 10 sagt: "Wenn man von Herzen glaubt, so wird man gerecht; und wenn man mit dem Munde bekennt, so wird man gerettet."

Evangelist Mathieu Eggler

Zeltmission der Chrischona-Gemeinden

So war's und so wird's gemacht

Anfänge und Geschichte
1956 schenkt der freie Evangelist Georg Brinke ein ovales Zelt der Pilgermission St. Chrischona. (Er mußte damals seinen Dienst altershalber aufgeben.)

1960 – Der erste Einsatz mit dem Zelt findet mit Evangelist Otto Vogt in Muttenz statt. Ein Evangelisationsteam schließt sich in den ersten Jahren für diesen Dienst zusammen. Bänke und Stühle für das Zelt werden aus der Kapelle mitgebracht. Der Transport wird mit Traktor und Ackerwagen organisiert.

1968 kann ein gebrauchter Möbelwagen gekauft werden.

1982 wird das ovale Zelt mit 150 Sitzplätzen durch eine moderne Zelthalle abgelöst. Dazu kommen zwei Wohnwagen für den Zeltdiakon und für seelsorgerliche Gespräche.

1983 stellt die Leitung des Chrischona-Werkes Prediger Georges Blaser zum vollzeitlichen Evangelisationsdienst frei.

1987 – Das Zelt erhält eine Verlängerung und verschiedene technische Erneuerungen. Georges Blaser tritt in den aktiven Ruhestand. Peter Wagen, Stadtmissionar in Lugano, übernimmt seine Nachfolge und wird von der Gemeindearbeit teilzeitlich freigestellt.

Das Zelt als Möglichkeit zur Evangelisation
Platzangebot: Über 200 Personen finden Platz in der geräumigen Zelthalle. Die Ortsgemeinde hilft beim Auf- und Abbau des Zeltes.

Finanzieller Aufwand: Eine Grundgebühr von Fr. 2 000.— wird für die Benützung und den Transport des Zeltes erhoben. Die Kosten für die Werbung variieren je nach Möglichkeit und Einsatzwillen der Veranstalter. Ab 1989 stellt die Zeltmission den veranstaltenden Gemeinden ein Erscheinungsbild "Festtage der Hoffnung" mit verschiedenen Werbe-Elementen zur Verfügung, z.B. Plakate, Handzettel, Autokleber, Straßenbänder, Gebetskarten, Inserate.

Was wird alles im Zelt angeboten? Lebendige Verkündigung des Wortes Gottes, Konzerte, Jugendabende, Frauentreffs, Kinderstunden, Büchertisch, Kassettendienst, Cafeteria.

Wo kann das Zelt eingesetzt werden? In Dörfern und Kleinstädten.

Mitwirkende einer Zeltevangelisation
Von drei Ebenen: Evangelist, Diakon und Gemeindeglieder.

Die Ortsgemeinde bereitet den Einsatz vor und lädt zur Evangelisation ein. Die Mitarbeiter für die verschiedenen Ressorts wie Chor, Seelsorge, Nacharbeit oder Anspielgruppen werden frühzeitig in die Planung einbezogen.

Zielpublikum in der Evangelisation
Wer wird erreicht? Menschen, die dem Evangelium fernstehen, laugewordene Christen, Namenschristen.
Wie werden Sie erreicht? Gebet, persönliche Kontakte und Einladungen, Plakate und Handzettel, Zeitungsberichte und Inserate, Freiversammlungen.
Daniel Kleger

Auszüge aus dem Dienstprogramm
und den Gebetsbriefen des Seniorleiters

1983
Beim Rückblick auf den ersten Sommereinsatz mit dem neuen Chrischona-Zelt sind unsere Herzen mit großem Dank erfüllt.

Mit Ausnahme von Wildhaus hat Gott an allen Einsatzorten eine ganze Anzahl Bekehrungsaussprachen geschenkt. Innerlich blockierte Gotteskinder haben ihre Sünden gebeichtet und mit Jesus einen neuen Anfang gemacht. Eine Hörerin konnte keinen Schlaf finden, weil sie von der Botschaft so getroffen war. Sie sagte ihrem Mann: "Ich muß aufstehen, mich anziehen und zur Aussprache gehen!" Und sie kam zur späten Nachtstunde und machte eine klare Sache mit Jesus. Besondere Gnade ließ Gott in Buchs ZH walten. Bis 30 Prozent Außenstehende, und zwar mehrheitlich ortsansäßige, kamen, um Gottes Wort zu hören. Der Zelteinsatz in Buchs ist zum Dorfgespräch geworden, und die dortige Chrischona-Gemeinde konnte schon während der Zeltmission in ihren Sonntagsmorgengottesdiensten neue Gesichter begrüßen. Das hat der Herr getan!

1984

Von den sieben Evangelisationen mit dem Chrischonazelt, die von Anfang Mai bis Mitte September durchgeführt wurden, war diejenige von Thalwil am schwächsten besucht. Gemeindeglieder, bei denen ich zum Mittagessen eingeladen war, ließen mich wissen, daß infolge verschiedener Großevangelisationen im Raum südlich vom Zürich- und Obersee eine gewisse Ermüdung zu konstatieren sei. Man hätte aber einer Kleinzeltmission nicht im Wege stehen wollen und dem Predigerwunsch zuliebe entsprochen. Es sollte aber eine Zeltmission nur dann geplant werden, wenn die Gemeinde einmütig dahinter steht. Trotzdem haben zwei Töchter einer katholischen Familie Jesus aufgenommen.

Die Zeltmission in Schöftland fiel ausgerechnet in das schönste Heuwetter. Für die z.T. landwirtschaftliche Bevölkerung eine nicht geringe Herausforderung. Es stellte sich aber Abend für Abend eine sehr erfreuliche Zuhörerschaft ein, und einige fanden Heilsgewissheit.

Den stärksten Aufmarsch mit viel Jungvolk – und wie man mir verriet – auch mit allerlei Prominenz erlebten wir in Gelterkinden. Die EmK hat miteingeladen und der Kirchenchor hat an einem

Abend gesungen. Rückfällige haben neu zu Jesus gefunden. Ein Alkoholiker hat sich zu Jesus bekehrt und Befreiung erlebt.

Zahlenmässig die größte geistliche Ernte erlebten wir in Bäretswil/Adetswil und Dozwil. Im Zürcheroberland setzte sich auch die EmK mit ein. In Tagelswangen kam eine ganze Reihe von Menschen zum Glauben, für die mit Namen gebetet wurde. Eine Frau, die wegen Aufbruch in die Ferien nur den Anfang der Zeltmission erlebte, rief mich einen Monat später zur Seelsorge. Sie erklärte: "Ich will mich als erstes Familienglied zu Jesus wenden."

Das schlechteste Wetter war uns in Dozwil beschieden. Aber es herrschte ein reger Gebetsgeist, und die Leute ließen sich vom Regen und kalten Wetter nicht abhalten. Die Heizung funktionierte gut. Menschen im Alter von 17 bis 60 Jahren fanden Anschluß an Jesus, darunter ein Konkubinatslehrerpaar. Dem Herrn sei Dank für alle Gnade.

1985

Zwei Monate nach meinem Unfall hat mich der Kontrollarzt wieder voll arbeitsfähig erklärt. Die Therapie hat zu einem guten Erfolg geführt, so daß ich wieder die volle Beweglichkeit von meinem rechten Arm zurückgewonnen habe. Ihr fürbittendes Gedenken hat dazu wesentlich beigetragen. Dem Herrn sei Lob und Dank! Ab Mitte April konnte ich meinen Dienst wieder vollumfänglich aufnehmen. Sehr hilfreich haben sich die Vorbereitungsabende in Rümlang, Schafisheim und Wädenswil erwiesen. Sie schaffen den erforderlichen und vertrauenerweckenden Kontakt zwischen den Veranstaltern und dem Evangelisten. Gemeindeglieder wollen da und dort die Tonbandkassette von meinem Lebensbericht an Außenstehende weitergeben. Einen maximalen Aufmarsch erlebten wir in Oberneunforn TG, wo sich die Zelthalle der Chrischona-Gemeinden Abend für Abend mit heilsverlangendem Volk füllte. Morgens und abends stellten sich aus dem Arbeitsgebiet Diessenhofen-Stammheim zahlreiche Gemeindeglieder zum anhaltenden Fürbittegebet ein. Eine Reihe Schwierigkeiten wurden sieghaft überwunden, und die gnädige Hand Gottes zeigte sich überdies in einer erfreulichen Zahl von Bekehrungen. Sie sehen, liebe Gebetsfreunde: Gott antwortet auf Ihren Einsatz in der Stille.

So war der Ausblick aufs Jahr 1986
Der Abfall greift um sich, und der antichristliche Widerstand nimmt zu. Trotzdem geschehen da und dort Erweckungen und geistliche Aufbrüche. Beides läuft nebeneinander. Wie lange noch? Ihr und unser Verlangen ist es, daß noch viele gerettet werden, bevor die Nacht hereinbricht, in der niemand wirken kann. Wir arbeiten, solange es Tag ist. Ihre beharrliche Fürbitte um offene Türen und um Vollmacht zum Dienst wird dazu beitragen, daß auch im neuen Jahr der Lichtglanz der Herrlichkeit Jesu Menschen erleuchtet, die noch im Finstern sitzen.
Prediger Georges Blaser

Die Mütter hören und machen mit. Fröhliche Kinderstunde im Chrischona-Zelt!

Zeltmission des Evangelischen Brüdervereins

Das erste Missionszelt in der Schweiz wurde im Jahre 1906 von Evangelist Jakob Vetter eingeführt. Dieses "mobile Versammlungshaus" erwies sich als sehr geeignetes Hilfsmittel, um das Evangelium an die verschiedenen Orte hinzutragen.

Etwa zehn Jahre danach begann auch Evangelist Brinke mit einer Zeltarbeit. Nach 46 Jahren gesegneten Dienstes wünschte er dann, diese Arbeit in jüngere Hände zu legen. Im Frühjahr 1962 bot er ein Zelt dem Evangelischen Brüderverein zum Kauf an, welchem Angebot der Brüderrat zustimmte. G.R. Brinke führte Evangelist Peter Zürcher in den neuen Arbeitszweig ein, welcher vorläufig noch unter dem bisherigen Namen "Bernische Zeltmission" weitergeführt wurde.

Der jugendliche Chor ist einsatzbereit

Sechs Jahre später, im Mai 1968, wurde dieser Zweig der Wortverkündigung unter die heutige Bezeichnung "Zeltmission des Evangelischen Brüdervereins" gestellt. Die Organisation der Einsätze wurde den Evangelisten Kurt Schären für den deutschsprachigen und Pierre Houmard für den französischen Landesteil übertragen.

Entsprechend unseren klimatischen Verhältnissen kann das Missionszelt jeweils etwa von Anfang Mai bis Ende September eingesetzt werden. Bei kühler Witterung bieten Infrarot-Heizstrahler eine wirksame Hilfe.

Wie schön und wichtig ist es, daß auch schon die Kinder das Wort Gottes hören und Zutrauen zum Herrn Jesus gewinnen! So werden im Zelt nachmittags Kinderstunden abgehalten, welche sich mancherorts eines regen Besuchs erfreuen. An zwei Plätzen, wo die Kinderarbeit nach dem Zelteinsatz regelmäßig weitergeführt wurde, ist die Kinderstunde über Jahre hinweg erhalten geblieben. "Lasset die Kinder zu mir kommen und wehret ihnen nicht; denn solchen gehört das Reich Gottes" (Lk 18, 16).

In den Zelteinsätzen bis 1976 versahen meistens junge Brüder, zum Teil auch unsere Missionskandidaten, den Dienst als Zeltdiakone. Später sah man einen Vorteil darin, einen vollamtlichen ständigen Diakon einzusetzen. So wurde der Missionsanwärter Markus Büschlen im Jahre 1977 zu diesem Dienst ernannt, welchem er mit ganzem Einsatz oblag, bis er im Herbst 1983 die Führung unserer Buchhandlung im Wydibühl übernahm. Als neuer Zeltdiakon wurde 1983 Paul Gasser von Moutier berufen.

Über unser Missionszelt ergingen auch verschiedene wetterbedingte Stürme. Im Engadin wurde das Zelt im Jahr 1965 an einem Morgen früh vom heftig fallenden Schnee zusammengedrückt. Ein andermal stürzte es ein, weil die Zeltseile von Menschenhand durchschnitten worden waren. Weitaus die meisten "Angriffe" kamen jedoch vom Wind, welcher das auf Holzstützen gestellte Stoffzelt verschiedene Male zu Fall zu bringen vermochte; so geschah es auch in einem Einsatz im Herbst 1977. Statt das defekte Zeltdach zu ersetzen, beschloß der

Brüderrat im Januar 1978, ein neues Zelt anzuschaffen, welches dem Wind besser standzuhalten vermag und einen stabileren Unterbau aufweist. Wir entschlossen uns nach eingehender Beratung für eine Leichtmetallkonstruktion, bei welcher die Bedachung aus mehreren einziehbaren Kunststoffbahnen besteht. Dieses Zelt besitzt den weiteren Vorteil, daß es in Elementen von je 5 Meter Länge und 10 Meter Breite aufgestellt werden kann. Es wurden fünf solche Elemente gekauft; wenn alle Tragelemente aufgestellt sind, haben unter dem weitgespannten Dach etwa 400 Personen Platz. Bis heute hat sich dieses Zelt sehr gut bewährt.

Einen wertvollen Beitrag zur Unterstützung der Zeltevangelisationen leisten die Chöre des Evangelischen Brüdervereins. Wie manches Herz wurde doch schon durch die Worte eines Liedes angesprochen und zu Jesus geführt.

Als die Zeltarbeit im Jahre 1962 von G.R. Brinke übernommen wurde, welcher seinen Zeltwagen noch von einem Traktor von Ort zu Ort hatte ziehen lassen, ahnte man wohl kaum, über welche Distanzen das Zelt bald transportiert werden sollte. Im Jahre 1968 wurde es erstmals über die Landesgrenze gebracht, um in Göppingen (Süddeutschland) und im folgenden Jahr in Itzehoe, ganz oben an der Nordseemündung, seinen Dienst zu versehen. Es folgte 1971 ein Einsatz in Mulhouse in Frankreich.

Im Sommer 1982 und 1984 kam das Zelt in der italienischen Schweiz, im Kanton Tessin zu stehen. Erstmals wurde hier in unserem südlichen Landesteil die evangelische Botschaft jeden Abend in Italienisch und Deutsch weitergegeben. Mit einer neuzeitlichen Simultan-Übersetzungsanlage konnten die Zeltbesucher verschiedener Muttersprache jederzeit dem gesprochenen Wort folgen. Der erste Einsatz in Österreich fand 1983 in Spittal (Kärnten) statt. Der zweite 1985.

Unser Missionszelt bietet viele Möglichkeiten, indem wir die Frohbotschaft von Jesus Christus an vielen Orten verkünden können, die wir durch unsere regelmäßigen Versammlungen nicht erreichen. Die Ansprachen im Zelt sind vorwiegend evangelistisch gehalten. So kommen wir mit diesem Missionszweig dem

Befehl unseres Meisters nach: "Geh hinaus auf die Landstraßen und an die Zäune und nötige sie hereinzukommen, daß mein Haus voll werde" (Lk 14, 23).
(aus: "Mein Wort behalten")

*Wir laden herzlich ein!
(So sieht das noch leere Zelt aus.)*

Zeltmission der Liebenzeller Mission

Geburtsstunde
Ein junger, bekehrter Schmiedemeister im Missionsseminar der Liebenzeller Mission schreibt 1930 in sein Tagebuch: "Heute ist mir von Gott gezeigt worden, daß ich einmal im Zelt vor vielen Menschen sprechen sollte."

Gottlieb Weiland, so hieß der junge Mann, mußte dann über 20 Jahre warten, bis Gottes Stunde kam.

Er hatte schon viele Evangelisationen mit erwecklichen Aufbrüchen hinter sich. Diese ereigneten sich alle über die Winterhalbjahre in Wirtshaussälen oder Gemeindehäusern und Kirchen. Bis eines Tages sein Freund Fritz Notacker erklärte: "Gottlieb, mir ist klar, daß die Liebenzeller Mission in der Heimat durch ein Zelt Gottes Wort verkündigen sollte." Dies war Anfang der 50er Jahre, und dann ging alles sehr schnell. 1952 war der erste Zeltsommer geplant. Noch fehlte das eigene Zelt. Das wurde 1953 angeschafft. Über 20 Jahre mußte Gottlieb Weiland warten, bis sein heimlicher Wunsch in Erfüllung ging, und mehr als 20 Jahre konnte er dann Sommer für Sommer an vielen Orten das Zeugnis von Jesus Christus verkündigen.

Fortgang
Für viele Seminaristen der Liebenzeller Mission wurde die Zeit als Zeltdiakone ein wichtiger Abschnitt im Rahmen der Ausbildung am Seminar. 1962 wurde ein bekehrter Fußballer als Zeltdiakon berufen. Nach drei Zeltsommern kam dieser in seinem Praktikum in den Bezirk Karlsruhe. Dieser Bezirk war über 40 Jahre der andere Wirkungsbereich von G. Weiland. So konnten der junge Prediger und der bewährte Evangelist zwölf Jahre Seite an Seite den Zeltdienst tun. Durch den überraschenden Heimgang

von Weiland übernahm dann der Junge die Verantwortung für die Zeltmission. Es ist der Autor dieses Artikels. So gab es einen nahtlosen Übergang.

Aufgabe
Es gab vor mehr als 10 Jahren die berechtigte Frage, ob Zeltmission noch aktuell ist oder nicht als überholt ersetzt werden müsse?

Manche verkauften ihre Zelte. Doch dann kam eine überraschende Wende. Fast zeitgleich mit dem Trend zu Straßenfesten und anderen urwüchsigen Freizeitbeschäftigungen stiegen auch die Zahlen der Zeltbesucher wieder an. Ein neutraler Ort mit zentraler Verkündigung, das zog auch katholische Christen, Konfessionslose und vor allem viele Kinder an. Die Schwellenangst scheint geringer als bei anderen Angeboten zu sein. Auf die Frage warum noch ein Zelt, wenn schön renovierte Kirchen, neugebaute Gemeindezentren oder geräumige Hallen am Ort sind, konnte oft sehr einfach geantwortet werden: "Obwohl es fast in jedem Haus, auch Gasthaus, Bier und Wein gibt, kann man sich kaum ein Fest ohne Bier- und Weinzelt vorstellen. Warum sollen dann Christen nicht auch einmal in einem Zelt ein Fest feiern?

Heute sind wir nicht mit einem, sondern mit drei Zelten unterwegs. Wir gehen oft mit unseren Zelten mit 1 000 und mehr Sitzplätzen an Orte, die nicht viel mehr Einwohner haben.

Es werden immer noch viele Fragende und Suchende erreicht. Dabei erreichen wir auch, daß sich Christen ihrer Aufgabe des missionarischen Zeugnisses bewußt werden. Es wird im Zelt nichts anderes gesagt als in anderen Räumen. Klar ist: Man kann das Programm und die Verkündigung oft anders gestalten.

Frucht
Es stimmt, daß sich früher oft bei einer Zeltarbeit 100 Menschen bekehrten und daß man sich heute etwa fragt: Wieviele haben sich in 100 Arbeiten klar auf die Seite Jesu gestellt? Wir haben keine Erweckung in unserer Region. Doch es steht nirgends, daß wir nur missionieren sollen, wenn Erweckungsluft weht. Wir müssen den

Auftrag auch wahrnehmen, wenn die Zeiten denjenigen Noahs gleichen. In unserer Zeltgeschichte gibt es viele Leute, die unter dem Zeltdach zu Christus fanden. Mehr noch, ich weiß allein von sechs Gemeinschaftskreisen, die als Frucht einer Zeltarbeit in den letzten Jahren entstanden sind. Einige Personen, die ich hier erwähnen möchte:

Da ist der Liedermacher Thomas Eger, der u.a. das Lied textete: "Sing mit mir ein Halleluja." Der schreibt auf seiner neuen Schallplatte: Als Teenager bekam ich im Zelt den Anstoß zum Glauben.

Oder der Unternehmer Hans Zaiser, der Sommer für Sommer unsere Zelte transportiert. Er bekennt: Im Zelt hat mich Gott eingeholt.

Ich weiß von zwei Predigersfrauen, die im Zelt vom Evangelium ergriffen wurden und heute, nach über 20 Jahren, froh im Dienst stehen.

Ort der frohen Botschaft – das Zelt der Liebenzeller Mission

Aufmerksame Zuhörer

Oder mir steht ein Geschäftsmann aus Württemberg vor Augen, der in einem Zeltsommer in Köngen angesprochen wurde, sich in Merklingen entschied und in Ludwigsburg die seelsorgerliche Aussprache suchte.

Im Sommer '88 kamen zwei Ehepaare in einer Arbeit zum Glauben, und als die Zeltgemeinde hörte, daß in Neuguinea ein Missionszelt zum Einsatz kommen soll, legten sie in einer Woche über DM 25 000.— zusammen, damit es gekauft werden kann.

Die sichtbare und unsichtbare Frucht ist ermutigend.

Ausblick

Die Planungen eilen heute oft ein bis zwei Jahre voraus. Die Suche nach geeigneten Rednern wird nicht leichter.

Bekannte Pfarrer wie Ulrich Parzany, Winrich Scheffbuch, Arno Pagel, H.P. Wolfsberger u.a. können oft nur sporadisch den Dienst tun. Der Trend geht auf einen Redner während einer Arbeit. Bestens bewährt hat sich, wenn ein Team den Einsatz begleitet. Der Ruf zum Festmachen des Heils wird sehr unterschiedlich gehandhabt, und Redner und Trägerkreis müssen sich hier gut absprechen. Das speziell eingerichtete Telefon für jeden Einsatz wird gerne angenommen.

Auch das Angebot der Kassetten von den Vorträgen ist zum festen Bestandteil geworden. Eine von den Zeltkassetten landete in Kanada und bald darauf auch der Redner, um dort zu evangelisieren. Sein Name:
Evangelist Bernd Wetzel

Barmer Zeltmission

(Zeltmission zur Verbreitung biblischen Evangeliums e.V.)

Die Zeltmission in Stichworten

Wie wir heißen
a) laut Vereinsregister: Zeltmission zur Verbreitung biblischen Evangeliums e.V., Wuppertal-Barmen
b) bei den Geschwistern: Barmer Zeltmission

Ein wenig Organisation muß sein
Der Verein ist gemeinnützig wegen Förderung der Religion und steuerbefreit. Zwanzig Brüder aus verschiedenen Versammlungen sind Mitglieder des Vereins, drei Brüder bilden den Vorstand.

Ziel und Zweck der Zeltmission
Die Förderung der Evangelisation unter Zuhilfenahme von Zelten, Missionswagen und Versammlungsräumen (d.h. Evangelisationen mit intensiver Kinderarbeit bei allen Einsätzen).

Das Angebot der Zeltmission
2 Zelte à 450 Sitzplätze = 10 Einsätze zu je 12 Tagen pro Jahr (verantwortlich: Erwin Schwarzwälder; Hans Joachim Schnell).
1 Zelt mit 100 Sitzplätzen = 10 Einsätze zu je 12 Tagen pro Jahr. Es wird oft in Neulandgebieten mit einem Missionsteam eingesetzt (verantwortlich: Harry Grunwald).

1 Gelenkzug mit 75 Sitzplätzen = 15 Einsätze zu je 12 Tagen pro Jahr. Einsatz fast nur für Neulandmission (verantwortlich: Rudolf Hohage).

1 Bus für Holstein mit 45 Sitzplätzen = 10 Einsätze zu je 12 Tagen sowie Einsatz bei der Strandmission. Er dient zur Unterstützung der Gebietsmission in Holstein und ist auch als Tee-Mobil einsetzbar (verantwortlich: Ernst Enseroth).

Mobiler Treffpunkt (Tee-Mobil) für Jugendevangelisationen mit örtlichen Jugendgruppen oder Missions-Teams: Schuleinsätze/Religionsunterricht, Gespräche im Bus bei Tee und Gebäck. Abends: Veranstaltungen in einem Saal. Derzeit eine der besten Möglichkeiten, Menschen zu erreichen (verantwortlich: Hermann Fürstenberger).

1 Bus für Odenwald: = Zur Unterstützung der dortigen Gebietsmission. Als Tee-Mobil umgebaut (verantwortlich: Erwin Manthey).

Ein paar Jahreszahlen
1950: Zelt 1 mit Albert Werkshage und Peter Janzen.
1952: Zelt 2 mit Josef Kausemann und Walter Pfeiffer.
1955: Zelt 3 für Holstein (zunächst) mit Walter Pfeiffer und Herbert Rompf.
1960: Missionswagen mit Hugo Schreiber.
1979: Missionswagen gegen den heutigen Gelenkzug ausgetauscht.
1980: Holstein-Bus.
1984: Mobiler Treffpunkt.
1985: Odenwald-Bus.

Gebäude
1964: Übernahme des Missionshauses in Wrist/Holstein für Freizeiten und als Zentrum für die Gebietsmission Holstein.
1972: Wagenhalle 1 in Rehe/Westerwald für die Überwinterung und Instandsetzung der Zelte, Busse, LKWs und Zeltwohnwagen. Mit einer Werkstatt und Sozialräumen für die Diakone.
1983: Wagenhalle 2 in Rehe/Westerwald.

Der Arbeitszweig der Gebietsmission
Hier arbeiten vollzeitliche Mitarbeiter in einem festen Gebiet im täglichen Einsatz von Mann zu Mann mit dem Ziel des Gemeindebaus.

In Holstein: Manfred Dannat in Hohenwestedt. Hans Gerhard Becker in Schönberg/Ostsee (auch bekannt durch die jährliche 6-wöchige Strandmission).

Im Odenwald: Erwin Manthey in Michelstadt.

Am Mittelrhein: Heinz-Otto Beimdieke in Hennef, mit zusätzlichen Einsätzen in der Studentenmission an der Universität Bonn.

Raum Köln: Walter und Magdalene Greb in der Zigeunermission.

Wieviele Mitarbeiter hat die Zeltmission?
Zur Zeit sind 25 Mitarbeiter im Einsatz mit vielen, vielen ehrenamtlichen Helfern.

Wie wird die Zeltmission finanziert?
Das Werk der Zeltmission wird allein durch freiwillige Spenden aus den Versammlungen und dem Freundeskreis getragen. Da keine personellen Verwaltungskosten entstehen, geht jede Spende mit 100 Prozent in die Missionsarbeit der Zeltmission.

Welche festen Veranstaltungen gibt es?
Im Frühjahr eines jeden Jahres: Die Aussendungsfeier in Iserlohn mit etwa 1 000 Besuchern. Im Herbst eines jeden Jahres: die Lob- und Dankversammlung in der Siegerlandhalle in Siegen mit über 2 000 Besuchern.

Information und Austausch
Jährlich einmal treffen sich Vertreter aus fast allen Versammlungen zur Information und zum Austausch. Hieraus bildet sich dann ein kleinerer Kreis, der die Arbeit des Vorstandes und der Mitglieder unterstützt.

Veröffentlichungen der Zeltmission
Zweimonatlich erscheint das Zeltmitteilungsblatt kostenlos. Es berichtet über die geplanten und durchgeführten Einsätze. Ferner eine Planungsmappe, die die Planung und Durchführung eines Missionseinsatzes erleichtern hilft.

Was braucht die Zeltmission?
Die Zeltmission braucht den Segen und die Bewahrung unseres HERRN. Deshalb wollen wir alle verstärkt für die Arbeit beten, daß Menschen errettet werden, daß unser HERR die bevollmächtigten Mitarbeiter gibt und auch die nötigen Mittel dazu.
Günther Kausemann

Von der Scheinwelt zur Wirklichkeit durchgedrungen

(aus Zeltmitteilungsblatt)

Interview mit Erika (31 Jahre) und Peter (37 Jahre) Wawerka

Zeltmitteilungsblatt (ZMB): Was ist die Ursache für den Wechsel als Kostümbildnerin des Theaters zum Museum?
Erika Wawerka (E.W.):
Von guten Freunden wurden wir ins Zelt nach Steinheim eingeladen. Mich interessierten z.B. die Themen: "Kann denn Liebe Sünde sein?" und "Wird die Welt im Chaos enden?"

An acht Abenden hörten wir die Vorträge. Wir hörten die Wahrheit der Bibel. In mir reifte der Entschluß: Ich möchte mein Leben unter die Herrschaft des Herrn Jesus stellen. Es kam zur Lebensübergabe in der Stille an IHN. Das neue Leben mit Jesus Christus begann.

Ich suchte damals eine Arbeitsstelle. - So zog ich einen Schlußstrich unter die Theaterwelt. Konnte ich weiter mit gutem Gewissen Kostüme für Stücke mit schlechter Moral schneidern? Wir beteten. - Und ich bekam wieder eine Stelle als Leiterin einer Kostümabteilung. Doch dieses Mal nicht beim Theater, sondern bei einem Museum. So restaurierte ich. Peter meinte kürzlich hierzu, Gott setzt dich nach deinen Fähigkeiten ein. Aber nun bist du ein weiteres Mal von der Scheinwelt zur Wirklichkeit durchgedrungen!

ZMB: Gibt es Gelegenheiten, den Herrn Jesus zu bekennen?

E.W.: Ich bete für solche Situationen. Eine Gesprächsmöglichkeit bietet meine offene, auf dem Schreibtisch liegende Bibel.

Besonders dankbar und glücklich bin ich, daß Peter und ich gemeinsam dem Herrn Jesus nachfolgen. In der Gemeinschaft mit wiedergeborenen Christen fühlen wir uns wohl.

ZMB: Wollen Sie den Lesern einen Blick in Ihr Leben gestatten?

Peter Wawerka (P.W.): Ja, – gern. Ich bin – wie Erika – römisch-katholisch erzogen worden und aufgewachsen. Mit zehn Jahren war die Kommunion. Daß es etwas Heiliges ist, wußte ich. Ich bekam immer mehr Ehrfurcht davor. Als ich zur ersten Kommunion ging, dachte ich: Jetzt muß mit mir etwas Erschütterndes passieren. Das war schon enttäuschend, als nichts geschah.

Mit 14 Jahren kam die Firmung, und damit sollte ich den Heiligen Geist bekommen. Der Bischof legte das Kreuz auf meine Stirn, und ich bekam symbolisch den Backenstreich. Jetzt sollte ich den heiligen Geist haben. Ich habe den ganzen Tag gewartet, aber der Heilige Geist kam nicht.

Das war der zweite Flopp. Nun machte ich mich "selbständig". Mit 17 Jahren ging ich nicht mehr zur Kirche. Nach weiteren zehn Jahren trat ich spontan aus der Kirche aus.

Ich bin viele Irrwege gegangen. Aber die ganze Zeit über habe ich gebetet und meinte, es sei schon ganz richtig, wie ich es mache.

ZMB: Können wir Ihren Beruf erfahren?

P.W.: Mein Beruf ist Opernsänger. Nach dem 7. oder 8.

Semester habe ich in den theoretischen Fächern meine Prüfung abgelegt. An der Hochschule sangen wir nur Oratorien. Das hat mir nicht gepaßt. Nachdem ich eine Sache zehn mal gesungen habe, nochmals das Ganze von vorne. Da singt man zehnmal Halleluja und denkt, jetzt bist du durch; da fängt das Ganze von vorne an. Das war nicht die Musik, die ich mir vorgestellt habe. Ich wollte zur Oper. In Deutschland konnte man da wenig bieten. Italien ist das richtige Land. So bin ich kurz entschlossen nach Italien gegangen.

ZMB: Was war Anlaß für Sie, sich für den Herrn Jesus Christus zu entscheiden und Ihr Leben ihm zu übergeben?

P.W.: Das läßt sich nicht in zwei oder drei Sätzen sagen. Ich greife drei markante Ereignisse heraus:

In Italien ist es sehr warm und sehr laut, und in den Kirchen kühl und ruhig. So bin ich oft in die Kirchen gegangen. Dort habe ich das Beten neu angefangen.

Mir wurde klar: Gott ist nicht irgendein Gott, sondern er greift aktiv ins Leben und Weltgeschehen ein. Ausserdem ist mir deutlich geworden, was für ein verlorenes Leben ich führe. Das hat sich mir schmerzlich aufs Herz gelegt. Ich wollte endlich klarkommen. So versuchte ich, über die Beichte und den erneuten Kircheneintritt mit Gott ins reine zu kommen. Doch es blieb dieses ungewisse Gefühl. Da sagte der Beichtpriester: "... Sie müssen dann eben mal, ... dann machen Sie eben mal, ... dann ziehen Sie eben auseinander."

Darauf sagte ich: "Das will ich gar nicht. Ich kann Ihnen das bekennen, aber ich werde es wieder und wieder tun." Da konnte er mir keine Lösung anbieten. In diesem Gewissenskonflikt war ich.

Vor gut einem Jahr wurde eine schwere Krankheit bei mir festgestellt. Auch in dieser Situation habe ich mich an Gott gewandt; das war noch vor meiner Bekehrung. Und noch eins machte mir sehr zu schaffen. Durch okkulte Praktiken war ich gebunden und sehr belastet. Doch zurück zu dem Krankheitsgeschehen: Ich hatte das Gefühl, knapp am Tode vorbei gekommen zu sein. Das brachte mich erneut ins Nachdenken. Ende Mai konnte ich das

Krankenhaus verlassen. Mitte September bekamen wir die Einladung ins Missionszelt. Ich wollte nicht hingehen. Erika meinte: "Wenn du nicht mitgehst, dann gehe ich alleine." Da ich das nicht wollte, fuhr ich mit.

Noch etwas ganz Wichtiges: Eine Woche vorher bin ich morgens wach geworden, und da ist das so aus mir herausgebrochen, und ich habe gebetet: "Herr Jesus Christus, jetzt suche ich Dich schon über 20 Jahre lang. Ich kenne Dich überhaupt nicht; bitte mach Dich mir bekannt."

So zu beten, war mir bis dahin nie in den Sinn gekommen. Das kam aus der Seele, das brach aus mir heraus.

Dann ging ich gegen meinen Willen ins Missionszelt. Als ich da war, da wurden mir die Augen aufgetan. Am ersten Abend dachte ich noch: "Soll ich IHN jetzt annehmen? Ich bin doch katholisch; erst mal prüfen, bevor ich ja sage! Wir gingen am folgenden Abend wieder ins Zelt. Ich wollte nicht länger warten: Jetzt ist der Tag und die Stunde, wo ich ja oder nein sagen muß. Dann nahm ich im Stillen für mich, während der Evangelist noch predigte, im Gebet den Herrn Jesus an. Wie ich's formuliert habe, weiß ich nicht mehr genau. Aber ich wußte: Jetzt hab ich den Herrn Jesus gefunden.

Zunächst habe ich es niemand gesagt, – auch Erika nicht. Wir sind die Abende weiter ins Zelt gegangen und anschließend in die Gemeinde. Ich habe erlebt, wie so die ganzen Fragen, die ich hatte, so nach und nach angesprochen und geklärt wurden.

Durch Gespräche und Lesen der Schrift wurde mir gezeigt, dass Marien-Verehrung Götzendienst ist. Wenn ich an einer Sache vorbeirede und vorbeigehe, dann bin ich vorbei, dann treffe ich die Sache nicht. Und ich bin kein Christ, wenn ich sage: Christus ist gestorben, aber Maria führt mich zu Christus, sie ist meine Fürsprecherin. Das ist Götzendienst und für Gott ein Greuel. So bin ich Stück für Stück in den richtigen Glauben an den Herrn Jesus hineingewachsen. Er ist das Zentrum. Ich brauche keine Maria, keinen Heiligen, sondern ich darf mich selbst an IHN wenden. Mein Glaubensleben ist völlig verändert. Mir ist der Zwang genommen, etwas Bestimmtes machen zu müssen. Vorher wollte ich machen, was ich für richtig hielt. Jetzt bitte ich: "Herr, zeige mir, wo es lang geht, leite Du mich!"

Das ist ein Unterschied wie Tag und Nacht. Vorher wollte ich unbedingt Sänger sein, Karriere machen. Das war zwanghaft. Davon ist nichts mehr übrig geblieben. Das Theaterleben ist mir zuwider geworden. Ich habe Karten geschenkt bekommen, aber ich möchte nicht hineingehen. Ich sehe es ja nicht nur von der Publikumsseite, sondern hinter der Bühne. Dort war ich ja zuhause und weiß, was da läuft. Davon hat der Herr mich befreit. Zusätzlich habe ich eine Freude und Hoffnung im Herzen: Der Herr läßt mich nicht fallen und führt mich richtig. Auch wenn ich im Moment nicht sehe, wo es hin geht!

ZMB: Danke für das Gespräch. Ihr gemeinsames Zeugnis wird den Lesern Mut machen, sich in allen Lebenslagen dem Herrn Jesus anzuvertauen.

Richtig gelesen: Für junge Leute!

Neuland-Mission-Plettenberg

Die Geschichte der Neuland-Mission-Plettenberg

Es war im Frühjahr 1951, als Gott einigen Brüdern der Bibelschule Wiedenest den Blick öffnete für das von der Erweckungsbewegung völlig unberührte Gebiet der Landkreise Olpe, Meschede und Arnsberg (Westfalen). Ernst Schrupp (ehemaliger Leiter der Bibelschule Wiedenest) berief daraufhin die verantwortlichen Brüder der angrenzenden Gemeinden aus dem Siegerland, Sauerland und dem Oberbergischen Kreis zu einer Konferenz nach Freusburg.

Durch das Bibelwort Markus 6, 32-44 zeigte er den Brüdern, daß die Jünger nicht nur die in den ersten Reihen gelagerten Menschen mit Brot versorgt hätten, sondern auch die, die ganz weit hinten saßen. Somit wurde vielen Geschwistern klar, welch einen Auftrag der Herr ihnen hier durch seinen Heiligen Geist gezeigt hatte. Sie waren darum nicht ungehorsam und verkündigten unermüdlich die Frohe Botschaft in Wort und Lied auf den Straßen und Gassen von Olpe.

Einige Jahre später, 1955, startete der Jugendchor der Evangelisch-Freikirchlichen Gemeinde Plettenberg eine Missionsfahrt in den Kreis Meschede. In einem Barackenlager für Bauarbeiter (sie waren mit dem Bau der Henne-Talsperre beschäftigt) versuchten sie, die Botschaft singend und durch das Verteilen von Schriften weiterzugeben. Paul Meyer (der spätere Leiter der NMP) versuchte währenddessen, mit den Arbeitern ins Gespräch zu kommen, und verspürte, daß ein Verlangen nach dem Wort

Gottes vorhanden war. So machte er ihnen das Angebot, jeden Sonntag einen Gottesdienst im Lager zu halten. Anfänglich fand die Verkündigung mit vielen Schwierigkeiten unter freiem Himmel statt. Es wurde oft mit Steinen und Bierflaschen geworfen, um die Versammlungen zu stören. Nach mehrfachen Verhandlungen wurde dann von der katholischen Lagerleitung ein Raum zur Verfügung gestellt.

Die Straße zum Lager führte durch manche Orte, in denen noch nie das Evangelium verkündigt wurde. Der Geist Gottes mahnte die Brüder jedesmal bei diesen Fahrten: "Das sind die in den hinteren Reihen ohne das Brot des Lebens, da müßt ihr hin!" Währenddessen betete ein Bruder unablässig: "Herr wenn Du willst, daß wir in diesen Orten das Evangelium verkündigen sollen, dann kannst Du uns ein kleines Zelt geben."

Die Antwort kam. Auf einem Jugendtag wurde Paul Meyer von einem Bruder gefragt, ob er einen guten Verwendungszweck für Freizeitzelte wüßte, die in einem christlichen Freizeitheim nicht mehr gebraucht würden. Jetzt war ein Zelt da. Für die Verkündigungszwecke allerdings etwas zu klein und ohne Sitzgelegenheiten. Aber auch dafür hatte der Herr schon gesorgt. Die ausrangierten Bänke des Missionswerkes "Jugend für Christus" sowie 150 Meter Zeltstoff wurden uns auf wunderbare Weise zugefügt.

In einer Evangelisation kamen drei leibliche Brüder zum lebendigen Glauben an Jesus Christus. Sie verkauften Motorrad und Radio, um mit dem Erlös die elektrische Anlage für das Zelt zu kaufen.

Eine Sattlermaschine wurde ausgeliehen und das erste Zelt der NMP aus dem geschenkten Zelt und Zeltstoff selbst genäht. Im Mai 1956 war es dann soweit, daß der erste Einsatz gestartet werden konnte. Der aus einem benachbarten Ort eingeladene Pfarrer sagte als Grußwort: "Siehe, die Hütte Gottes bei den Menschen", und meinte dann, seit Bonifatius sei in diesem Ort noch nicht wieder das Evangelium verkündigt worden.

Viele Gläubige hatten prophezeit, die Sache würde zusammenbrechen wie ein Kartenhaus. Aber die Brüder ließen sich nicht beirren, sondern standen noch fester zusammen. Drei Dinge wurden ihnen zum Grundsatz:

1. der Pionier- und Neulandmission den Vorrang zu geben,
2. in Missionsveranstaltungen nicht von Geld zu reden,
3. für keine christliche Benennung (Konfession) zu werben, sondern in einfacher, schriftgebundener Weise zur Nachfolge Jesu einzuladen.

Überflutung des alten Zeltes bei Hochwasser

Das alte Zelt ist längst nicht mehr im Dienst. Nur noch ab und zu taucht es in der Erinnerung der Pioniere auf. Schon nach wenigen Jahren mußte ein größeres Zelt angeschafft werden, bald darauf ein zweites. Aus dem kleinen Kreis der Mitarbeiter entstand der Bruderrat und Leitungskreis des Werkes. Heute steht ein Freundeskreis vieler Gemeinden und Glaubensgeschwister hinter der Neulandmissionsarbeit, die im Laufe der Zeit ein Ausmaß annahm, das über die Kräfte der Ortsgemeinde hinausgeht. Aus diesem Grunde wurde die NMP unter die Obhut des Bundes Evangelisch-Freikirchlicher Gemeinden gestellt.

Durch die Arbeit der NMP haben viele tausend Menschen das Evangelium gehört, und Hunderte haben Jesus Christus als Herrn und persönlichen Heiland angenommen. An manchen Orten entstanden kleine Gemeinden oder Hauskreise.

Als gute Hilfe haben sich in den letzen Jahren bei Evangelisationen sogenannte Missionsteams erwiesen. Gläubige Christen verbringen ihren Urlaub in einer Missionsfreizeit, die parallel zu einer Zeltevangelisation verläuft und ihnen Gelegenheit gibt, sich aktiv an der Missionsarbeit zu beteiligen. Etlichen Menschen wurde so der Inhalt des Evangeliums durch die einfachen Zeugnisse eines Bäckers, Schreiners, Fernlastfahrers, Gärtners, Schülers oder einer Hausfrau verständlich und überzeugend nahegebracht.

Evangelist und Gründer der NMP Paul Meyer

Der Gründer und Leiter der Neuland-Mission-Plettenberg Paul Meyer

Aufgrund seines Gebetes wurde Paul Meyer in den letzten Tagen des zweiten Weltkrieges vor der entsicherten Maschinenpistole gerettet und kam dann für dreieinhalb Jahre in Kriegsgefangenschaft nach Ägypten. Als einziger in seinem Lager besass er eine Bibel und fing an, seinen Mitgefangenen die frohe Botschaft von Jesus zu verkündigen. Eines Tages ermöglichte ihm ein Lagerpfarrer, am Theologischen Seminar teilzunehmen. So rüstete Gott ihn in der Wüste Ägyptens für den Verkündigungsdienst aus. Im Besitze aller Führerscheine und mit der beruflichen Ausbildung als Werkzeugmacher, gedachte er, ein Transportunternehmen aufzubauen. Alle diese Pläne wurden aber von Gott zunichte gemacht, um ihn für SEIN Werk zu gebrauchen. Der Aufenthalt in Ägypten und in Zelten sowie der Umgang mit denselben brachte zudem Erfahrungen mit sich, die sich später als Vorbereitung für die Zeltmission erwiesen.

Im Herbst 1948 wurde er aus der Kriegsgefangenschaft entlassen und bekam das Wort Psalm 81, 11: "Ich bin der Herr, dein Gott, der dich aus Ägyptenland geführt hat, tue deinen Mund auf, und ich will ihn füllen."

Diesen Auftrag führte er zunächst in der Gemeindearbeit, der Jugendleitung und Jugendfürsorge aus. Doch Paul Meyer spürte, daß seine eigentliche Berufung von Gott in der Missionsarbeit war. Als Evangelist wollte er in Zelten den Menschen in Deutschland die gute Nachricht von Jesus verkündigen. Voller Skepsis wurde dieser Gedanke zunächst in seiner Heimatgemeinde, der Evangelisch-Freikirchlichen Gemeinde Plettenberg, aufgenommen. Aber nur im Einverständnis mit seinen Brüdern und deren Gebet und Mitarbeiter wollte er diesen Dienst beginnen. Mit wenigen treuen Mitarbeitern und durch den unerschütterlichen Glauben und konsequenten Gehorsam eines Mannes entstand so aus kleinsten Anfängen die Neuland-Mission-Plettenberg.

Paul Meyer ist inzwischen fast 35 Jahre in seiner fröhlichen, humorvollen und volkstümlichen Art als Evangelist in Deutschland unterwegs, wobei ihm die "hinteren Reihen" weiterhin ein vordringliches Anliegen sind. Unterstützt und ergänzt hat ihn in dieser langen Zeit seine Frau Hildegard. Seine drei Kinder, von denen zwei Söhne, Paul Gerhard und Johannes, als Pastoren im Gemeindedienst sind, arbeiten nebenberuflich, wie alle Mitarbeiter, in der NMP mit.

Erinnerungen eines Mitarbeiters der Neuland-Mission-Plettenberg

Es ist schon einige Jahre her, als es eines Abends im April schellte. An der Tür stand Paul Meyer. "Ich brauche einen neuen Schriftführer! Willst Du mitmachen?" Mein Zögern legte er gleich als Zustimmung aus. So war ich gefangen. Die Zeltluft, die Freude mitzuerleben wie Menschen zu Jesus finden, packt jeden ohne Ausnahme, der sich zur Mitarbeit bereitfindet. Gemeinsam haben wir Höhen und Tiefen durchlebt, doch oft gab es auch Grund zum herzlichen Lachen:

– Wenn z.B. der Evangelist zum Einsatz in ein Dorf fuhr und seine Ankunft mit Sirenengeheul ankündigte. Er verwechselte den Knopf des Feuermelders (bei dem das Schutzglas fehlte) mit der Schelle des Bürgermeisters.

– Oder wenn der Evangelist mit Blaulicht und Martinshorn der Frankfurter Polizei am Sonntag zum Gottesdienst geleitet wurde, weil er sich verfahren und dadurch verspätet hatte.
– Wenn z.B. mitten in der Nacht der Evangelist ratlos wegen einer Autopanne die Hilfe einer Bande Langhaariger erfahren durfte, die sich seiner erbarmten.
– Oder wenn ein Huhn die Stelle von Elias Raben einnahm und täglich ein Ei unter den Zeltwohnwagen legte. Gott hat eben heute noch Engel zum Heil seiner Kinder.

Gastarbeitermission der Neuland-Mission-Plettenberg
Die Mitarbeiter der NMP erkannten von Anfang an die große Möglichkeit, unter Gastarbeitern das Evangelium weiterzugeben.

Persönliche Kontakte in Haus und Familie erleichterten die Einladung zu größeren Veranstaltungen in Gemeinderäumen und im Zelt. Gottes Geist wirkte besonders unter Italienern. Einige von ihnen wurden von Gott besonders befähigt, das Evangelium zu predigen. Giovanni D'Auria wurde von einer Gemeinde in den missionarischen Dienst unter Gastarbeitern berufen. Durch seine Verkündigung kamen viele seiner Landsleute zum Glauben an Jesus Christus. Dann kam der Ruf Gottes, wieder in seine Heimat zurückzugehen und dort unter vielen Schwierigkeiten das Evangelium zu verkündigen. Es entstanden viele kleine Gemeinden in Raum Neapel, die Giovanni D'Auria mit der Bitte nach Deutschland schickten: "Kommt herüber und helft uns, wenn möglich mit einem Missionszelt!"

Den Brüdern der NMP wurde klar, daß der Ruf Gottes aus Italien nicht zu überhören sei. Man sandte ein Zelt und einen Wohnwagen nach Italien, welches in den Orten am Fuße des Vesuvs unter dem Namen "La Pace" (Zelt des Friedens) zum Einsatz kam. Dort, wo im Laufe der Jahrhunderte manchmal Lava und Asche Tod und Verderben brachten, durften Menschen das Wort des Friedens und der Versöhnung hören. Ein Jahr darauf kam der Ruf aus Sizilien um ein weiteres Zelt und einen Lastwagen zum Transport der Zelte. Wie sollte das alles geschehen? Giovanni D'Auria kam ein weiteres Mal, mit einer Aktentasche voll Glauben, nach Deutschland und fuhr mit einem Lastwagen voll Materialien zurück. Das erbetene Zelt aus Plettenberg aber kam Dank eines gläubigen Unternehmers pünktlich zum Einsatztermin in Palermo auf Sizilien an, wo es unter dem Namen "Cristo ritorna" (Christus kommt wieder) im Dienst sein darf.

Schlaglichter aus den Berichten der Jahre 1987 und 1988

Vom 1. bis 12.7. waren wir mit dem Zelt in Merzig/Saar. Dort existiert eine kleine Zweiggemeinde der Evangelisch-Freikirchlichen Gemeinde Völklingen. Mit wenigen Christen am Ort, die aber einen ganzen Einsatz brachten, begann die Evangelisation. Jeden Abend nach offiziellem Ende des Programms wurden viele gute Gespräche geführt, deren Zentrum und Inhalt Christus war. Einige Personen nahmen Jesus als ihren Herrn an.

Neues Zelt der NMP:
12 x 25 m für
250 - 300 Personen

Eine völlig neue Situation erlebten wir dort in der Kinderarbeit. Da nur zwei Kinder zur ersten Kinderstunde gekommen waren, gab der Herr uns einen besonderen Gedanken. Wir erfuhren von einer sozial schwachen Siedlung, die nicht in gutem Ruf stand. Da diese Siedlung in der Nähe des Zeltplatzes lag, fuhren wir mit einigen Mitarbeitern hin und führten auf einem freien Platz die

Kinderstunden durch. Bei der ersten Kinderstunde hörten 40 Kinder und 30 Jugendliche und Erwachsene zu.

In Frankenberg-Haubern wurde in den letzen Jahren evangelisiert, aber es war immer sehr schwer, die Menschen unter die Verkündigung zu bringen. Um so dankbarer sind wir, daß diesmal trotz regnerischem Wetter mehr fremde Menschen ins Zelt gekommen sind als je zuvor. Eine gute Resonanz fanden die Verteilschriften von "Aktion in jedes Haus".

Mit dem Falttraktat "Keine Zeit für Gott, Gott hat Zeit für Sie" wurde in über 1 800 Häusern (neun Dörfer) rings um Haubern zu den Vorträgen im Zelt eingeladen. Selbst der kirchliche Frauenchor und der Männergesangsverein Haubern sind unserer Einladung gefolgt. Einige Sänger aus den Chören sind an anderen Abenden wiedergekommen.

Obwohl einige Skeptiker meinten, der Termin der Zeltmission sei wegen der Fußballeuropameisterschaft ungünstig gelegt worden, konnten wir in Volmarstein-Schmandbruch das Gegenteil feststellen. Selbst begeisterte Fußballfans zogen es vor, das Evangelium zu hören, als zu Hause vor dem Fernseher zu sitzen, unter anderen auch ein ehemaliger Fußballspieler der Bundesliga.

Zum ersten Mal in der Geschichte von Heinerzheim (Bonn) Zeltmission! Bevor jedoch das Zelt überhaupt aufgebaut werden konnte, gab es manches Problem zu lösen. Da waren einmal die Absagen bei der Platzbeschaffung und zum anderen die mangelnde Bereitschaft der wiedergeborenen Christen am Ort, eine Evangelisation in Angriff zu nehmen. In vielen Vorbereitungsstunden wurden dann doch manche Gotteskinder durch den Missionsauftrag Jesu motiviert, ihre Verantwortung für die verlorenen Menschen auch praktisch wahrzunehmen. Nach beharrlichem Bitten und Anfragen beim Ordnungsamt, kam uns auch die Behörde freundlich entgegen, indem sie uns den notwendigen Zeltplatz zur Verfügung stellte. So erlebten wir, daß Gott auf anhaltendes Gebet die Türen und Herzen der Menschen öffnete...

Die Einladung für nächstes Jahr wurde von einigen jungen Christen bereits ausgesprochen: "Wir haben immer gebetet, daß ihr nicht aufgeben sollt, hierher zu kommen."
Paul Gerhard Meyer

Die Zeltmission erreicht die jetzige Generation...

...und die kommende!

Missionarische Arbeit Deutscher EC-Verband - Zeltmission

So fing es an

Wir Kinder fragten unseren Vater, was ihn so schlecht schlafen ließe. – "Ja, das ist eine ganz besondere Sache", sagte er uns. "Sie liegt mir sehr auf dem Herzen. Wenn ich evangelisiere in Gemeinschaftssälen oder auch in Kirchen, dann wird nur ein bestimmter Kreis von Menschen erreicht. Man müßte an die Hecken und Zäune gehen zu denen, die ganz abseits leben." – "Ja, aber ihr habt doch oft Versammlungen im Freien, auf Straßen und Plätzen", wandten wir ein. – "Richtig, aber das ist nichts Stetiges. Die Leute hören und gehen wieder fort. Man müßte Gelegenheit haben, mehrere Abende hintereinander an einem neutralen Ort mit ihnen sprechen zu können. Wir müßten ein Zelt haben, ein großes EC-Zelt für Jugendversammlungen."

Ich weiß nicht, was mein Vater noch alles sagte. Aber ich spürte ihm ab, daß dieser Gedanke ihn ganz erfüllte. Er war von einem großen missionarischen Eifer beseelt. Uns Kindern war es manchmal peinlich, wenn er auf unseren Spaziergängen "im Wald und auf der Heide" Menschen ansprach und ihnen christliche Blätter verteilte. Als ganz, ganz junger Mann war er Privatsekretär des Grafen Bernsdorf in Berlin. An vielen Sonntagen zogen die beiden hinaus zum Spandauer Bock und hielten dort für die zahlreichen Berliner Ausflügler "Freiluft-Versammlungen". Es muß ein eigenartiges Bild gewesen sein, der Graf, der auch Zeremonienmeister am Kaiserlichen Hof war, im hellgrauen Cutaway und hellgrauen Zylinder und sein junger, eifriger Assistent! Beide waren von einer glühenden Jesusliebe erfüllt, und sie predigten das Wort, ob man es ihnen abnahm oder sie belächelte.

Nun war der Gedanke der Zeltmission wie ein Funke in das Herz meines Vaters gefallen. Gewiß hat er auch mit seinen Brüdern im EC-Reisedienst, mit Gustav Otto, Berlin, Heinrich Laus, Wetzlar, und Heinrich Kamphausen, Berlin-Lichtenrade, darüber gesprochen. Als er dann Klarheit hatte, brachte er sein Anliegen vor den EC-Hauptvorstand. Und - der Vorstand gab "grünes Licht". Er solle in der Sache weiterarbeiten, vor allem Gelder für die Anschaffung eines Zeltes besorgen. Es war damals eine sehr arme Zeit, und es stellte sich heraus, daß die Kosten für ein großes Zelt viel höher lagen als geahnt.

Nun wurde unser Wohnzimmer, in dem wir unsere Mahlzeiten einnahmen, in dem wir unsere Schulaufgaben machten, in dem meine Schwester und ich nachts schliefen, auch noch Büro. Wir Kinder waren die Büroangestellten, - ehrenamtlich, versteht sich. Es war ein Aufruf mit der herzlichen Bitte um Spenden für ein Jugendzelt verfaßt worden. Diese Aufrufe mußten versandt werden. Zahlkarten wurden beigelegt. Die Massen von hellblauen Zahlkarten sehe ich heute noch vor mir. Sie haben sich meinem kindlichen Gemüt unvergeßlich eingeprägt. Wir haben Adressen geschrieben noch und noch. Die Aufrufe wurden gefaltet, mit Briefmarken beklebt usw. Manchmal dachte ich, die langen Listen mit den vielen, vielen Adressen in Ostpreußen und in Pommern, in Sachsen und in Württemberg, im Rheinland und in Hessen werden nie ein Ende nehmen. Aber sie nahmen ein Ende – wie alles in dieser Welt.

Für meinen Vater folgte eine Zeit des Wartens. Und dann liefen die Spenden ein, zuerst tröpfelnd, dann wie ein Rinnsal, und schließlich – trotz der Armut der Zeit – wie ein kleiner Bach. Mein Vater war vor Freude und Dankbarkeit bewegt, und wir Kinder freuten uns mit ihm.

Dann aber war das Zelt unterwegs auf seinen Reisen durch Deutschland. Die ersten Zeltevangelisten waren zusammen mit meinem Vater die Jugendsekretäre Otto, Laus und Kamphausen. Später kam noch Herr Kreuzkamp hinzu.

Die Jugend strömte in Scharen herbei. Sie war zu jener Zeit auch "verunsichert", war kritisch und fragend und hungerte nach etwas, das ihrem Leben Sinn geben konnte. Es gab Nachversammlungen und Einzelseelsorge, und deutlich war das Wirken von Gottes Geist zu spüren.

Unsere Wohnung war eng. Wohl gehörte das schöne Haus, in dem wir wohnten, meinem Vater. Aber das Gehalt eines Jugendbundsekretärs war schmal. So hatten wir alles vermietet, auf das wir nur irgend verzichten konnten. Und doch fanden die Zelthelfer Platz bei uns.

An dem Tisch, an dem wir einst die Aufrufe und Zahlkarten versandt hatten, haben die Zeltleute nun fröhlich getafelt, erzählt und gesungen. Und wir Kinder durften dabei sein!

Als alles verstaut und versorgt war, zog einer nach dem andern wieder ab, um im nächsten Frühjahr zur Verladung des Zeltes wiederzukommen.

Aber etwas ließen sie für den Winter bei uns zurück, nämlich den Zelthund Bella. Ob sein Name von dem Wort "belle" – schön herkam (so schön war er wiederum auch nicht!) oder von dem vielen Gebell, mit dem er unsere Familie und Nachbarschaft erfreute, weiß ich nicht. Irgendeine wohlmeinende Seele hatte ihn während des Sommers der Zeltfamilie geschenkt, damit er nachts das Zelt und sein Inventar bewachte.

So hatten wir zu unserem eigenen Hund Dolly noch den Zelthund zu versorgen. Ich habe Bella manch guten Brocken zugeschoben, auf Kosten unserer Dolly, und habe sie bewußt verwöhnt. Denn sie war ja Gast bei uns, und sie gehörte zum Zelt! Diese Besuche im Zelt gehören zu meinen schönsten Kindheits- und Jugenderlebnissen. Von den Zeltevangelisten wurde ich besonders durch Gustav Otto angesprochen. Jetzt im Rückblick ist mir auch die Ursache dafür bewußt. Seine Verkündigung enthielt keine intellektuellen Betrachtungen, sie war zeugnishaft, ganz schlicht und lebensnah. Begeisterung klang hindurch und eine große Jesusliebe. Daß ich den Weg zu Jesus gefunden habe und nun schon seit Jahrzehnten gehen darf, danke ich auch jenen Zeltversammlungen in den zwanziger Jahren, – am meisten aber der Gnade Gottes, die mich hielt und hält.

Zeltarbeit des Deutschen EC-Verbandes zwischen den beiden Weltkriegen

Ich erinnere mich noch, wie später das schmucke, mittelgroße Zelt II angeschafft wurde, zu dem nach einiger Zeit noch ein Zelt für kleinere Orte, das Zelt III, hinzukam. Doch die Planungen dafür und ihre Anschaffungen verliefen in ruhigeren Bahnen. Sie waren nicht mehr so riskant und solch ein "Abenteuer" wie der erste Beginn der EC-Zeltarbeit. Inzwischen hatte sich die Evangeliumsverkündigung unter dem Zeltdach bewährt. Ihre Segensspuren waren deutlich wahrnehmbar.

Elisabeth Hedrich, geb. Stolpmann
(aus: "50 Jahre EC-Zeltmission, 1924-1974")

Heilbronn, im Mai 1986

Bericht vom 24.05.86
Am heutigen Samstag endet der einwöchige missionarische Einsatz "Menschen brauchen Christus, EC-Offensiv - IV" in Heilbronn am Neckar. Veranstalter war die Süddeutsche Vereinigung für Evangelisation und Gemeinschaftspflege in Stuttgart-Bad Cannstatt und ihr SV/EC-Verband in Zusammenarbeit mit der Evangelischen Kirche und der Evangelischen Allianz in Heilbronn.

Von Dienstag bis Samstag wurden täglich Tausende von Gesprächen mit Heilbronner Bürgern unter dem Gesichtspunkt "Menschen brauchen Christus" geführt.

110 junge und ältere Christen waren fünf Tage im permanenten Einsatz. 40 000 Sonderzeitungen, eine Woche vorher durch 70 Mitarbeiter aus der Region verteilt, kündigten eine Zeltarbeit, die Hausbesuchsaktion und die Überreichung eines missionarischen Buches an. 15 000 Exemplare der Broschüre "Menschen brauchen Christus" wurden inzwischen systematisch und persönlich unter die Bevölkerung gebracht.

Die Reaktionen auf Hausbesuche und Gespräche waren erwartungsgemäß sehr verschieden. Insgesamt ist festzustellen: Es beten und glauben (auf ihre Art) weitaus mehr Menschen, als man denkt, an den lebendigen Gott.

Grußworte der Öffentlichkeit
In der "Zeltzeitung" nahmen Oberbürgermeister Dr. Weinmann und Dekan Simpfendörfer, Heilbronn, zu der Aktion "Menschen brauchen Christus" Stellung.

Schulung der Einsatzgruppe
Eine zweitägige Intensivschulung ging dem praktischen Einsatz voraus. Die Teilnehmer der Aktion waren zum größten Teil in der Jugendherberge untergebracht. Schulung und Verpflegung wurden im Gemeinschaftshaus der Süddeutschen Vereinigung

– 7 Minuten vom Zeltplatz entfernt – abgewickelt. Der letzte Einsatztag erstreckte sich im wesentlichen auf Lieder und Gespräche in Parks und in Fußgängerbereichen.

An der Fortführung des Gespräches interessierte Personen nannten ihre Anschrift auf einer Kontaktkarte. Sie werden von ortsansäßigen Christen nach der Aktion besucht.

Kinderspielplatzaktionen
Parallel dazu waren Teilnehmer der Aktion auf Kinderspielplätzen von Wohngebieten mit biblischen Geschichten, Liedern und Spielen missionarisch tätig.

Tätigkeiten ums Zelt herum

Spielstraße für Kinder
Täglich bis zu 110 Kinder besuchten die Spielstraße auf dem Zeltplatz, den die Bundespost den Veranstaltern zu diesem Termin vermietete (Gebetserhörung). Biblische Geschichten, Spielmobil (Luftkissen) und andere Attraktionen erwarteten die von Einsatzteilnehmern beaufsichtigten Kinder jeden Alters.

City-Arbeit
Aktivitäten in der Innenstadt konfrontierten zahlreiche Passanten mit dem Zeugnis von Christus. Der Informationsstand an der Kilianskirche, Spielszenen, eine Kinderspielecke und musikalische Darbietungen erweckten viel Interesse. Es kam zu erstaunlich vielen Gesprächen über den Glauben.

Das Evangelium unterm Zeltdach

An den Abenden sammelten sich mehrere hundert Besucher zu einem vielseitigen evangelistischen Programm. Interviews, verschiedene Chöre, Solisten und andere Beiträge gingen der evangelistischen Kurzansprache von EC-Bundeswart Ernst Günter Wenzler voraus. Die Einbeziehung eines Imbißstandes förderte die Gesprächsbereitschaft unter den Besuchern vor und nach der Veranstaltung.

Bei den sehr aufgelockerten evangelistischen Abendprogrammen im Zelt wirkten neben SV/EC-Bundeswart Ernst Günter Wenzel und anderen Mitarbeitern des Missionsteams Chöre und Solisten aus dem Raum Württemberg mit. Das "Interview des Abends" führte SV/EC Bundeswart Frieder Trommer mit Christen aus verschiedenen Berufssparten (Bankangestellter, Textileinzelhändler, Zahnarzt, Verwaltungsbeamter, Finanzbeamtin usw.).

"Der Mensch unserer Tage gleicht einem Verdurstenden, der im Meer treibt. Soweit das Auge reicht, ist Wasser, wirkliches Wasser. Es handelt sich um keine Fata Morgana. Je mehr der Durstige aber davon trinkt, desto stärker wird sein Durst. Am Ende stirbt er am ungestillten Durst.

In diese Situation hinein ergeht die Einladung Jesu: 'Wer Durst hat, der komme zu mir und trinke.'

Jesus allein gibt Wasser, das Leben bringt. Jesus ruft weg vom Salzwasser der Lebenslüge, weg von den abgestandenen Teichen der Ideologien, und weg von den schmutzigen Kloaken der Süchte."
Ernst Günter Wenzler zum Thema "Ich will (nicht) mehr!"

"Die Begegnung mit Jesus verschafft nicht nur einmaliges High-Erlebnis. Tag für Tag bis ans Ende deiner Tage will er dein Begleiter sein, auch dann ist noch nicht aller Tage Abend. Er hat einen Platz in seiner neuen Welt für dich bereit."
Ernst Günter Wenzler zum Thema "Gott kann man (v)erkennen."

Regelmäßig parallele Gebetsgruppe

Während der Zeltevangelisation am Abend versammelte sich regelmäßig eine Gruppe von 10 Betern im Gemeinschaftshaus zur Fürbitte. Die Beter hatten selbst viel geistlichen Gewinn.

Aktion "Rosen für die Nachbarn"

Zu Beginn der Zeltevangelisation besuchte eine Gruppe die nächsten Wohnanlieger beim Zeltplatz (Hochhausgebiet) und überbrachte neben der Einladung zur Veranstaltung je eine Rose als Gruß der Aktion "Menschen brauchen Christus".

Kassette für Heilbronner Omnibusfahrer

137 Kraftfahrer der Heilbronner Omnibuslinien wurden von der Aktion über ihre Dienststelle mit der Spezial-Musikkassette "Die Fahrt, die man das Leben nennt" bedacht (Gebetserhörung).

Erkenntnisse

– Das offene Bekenntnis einzelner Christen zu Jesus Christus und das Zeugnis vom Anspruch des Evangeliums an jeden Menschen ist nach wie vor dringend nötig.
– Bei der Durchdringung eines beachtlichen Teils dieser Großstadt stellten die Einsatzteilnehmer staunend fest: "Es gibt ein großes Potential von latent an Christus glaubenden Menschen, die regelmäßig beten oder sogar in der Bibel lesen. Solche Menschen nehmen eine derartige Aktion überrascht und dankbar auf." Die große Frage lautet: "Ist es möglich, auf Dauer ohne Gemeinschaft mit anderen Christen geistlich zu überleben? Warum geben diese Glaubenden kein Zeugnis? Hier liegt eine Herausforderung und Anfrage an die christlichen Kirchen."
– Es ist möglich, durch fleißige Arbeit viele Menschen einer Stadt mittels vielseitiger Information und Aktion an Jesus Christus zu interessieren, zum Glauben zu führen und im Glauben zu stärken.

Begegnungen

– Thomas (20 Jahre) wurde in der Fußgängerzone angesprochen

und ins Zelt eingeladen. Prompt war er abends da. Das Thema hieß "Sterben und (k)eine Hoffnung". Im Anschluß an die Veranstaltung sprach ihn ein Mitarbeiter an. Thomas hatte noch einige Fragen und ließ sich dann gern die vier geistlichen Tatsachen erklären. Gott hatte an ihm gearbeitet und ihn auf diese Begegnung vorbereitet. Deshalb war er bereit, das Übergabegebet zu sprechen und damit Jesus sein junges Leben anzuvertrauen. Er sucht nun die Verbindung zum Jugendbund. Mit anderen Mitarbeitern sah man ihn am nächsten Tag, wie er Traktate und Einladungen verteilte. Dank für Gottes freundliches Wirken und alle Fürbitte!

– Es kann nur zur Ehre Gottes dienen, daß ein Zivildienstleistender in der Jugendherberge äußert, er sei jetzt zehn Monate im Haus tätig, habe aber noch keine Gruppe erlebt, die das Haus so ordentlich zurückließ wie die EC-Offensiv-Leute.

– Das Personal der Würstchenbude erlebte acht Abende beim Zelt mit. Auf unsere Frage, wie es ihr denn hier ergangen sei, sagte die Hauptverantwortliche: "Mir? Mir ging es sehr gut hier. Am liebsten würde ich immer hier arbeiten."

– Im Zelteingang steht ein gepflegt wirkender Mann um 45. Er will nicht hereinkommen. Die Veranstaltung geht auch ihrem Ende zu. Ein Zeltdiakon sucht das Gespräch mit ihm. Nach längerer Zeit tritt ein älterer Mitarbeiter dazu und setzt das Gespräch fort. Insgesamt waren es eineinhalb Stunden. Ehefrau und Tochter dieses "Besuchers" warten draußen an der Straße im Auto. Er hat seiner Frau versprochen... "zu einem Gespräch, nicht aber in die Veranstaltung zu gehen". Er will unsere Meinung in religiösen Fragen wissen. Es kommt zu keiner klaren Entscheidung. Adresse und Telefonnummer seines Gesprächspartners hat er sich notiert. Anlaß seines Besuchs auf dem Zeltplatz gab die Notiz in der Zeltzeitung: "...und nehmen sich, wenn Sie wollen, gern ein wenig Zeit zum Gespräch mit Ihnen - vielleicht am Info-Stand vor der Kilianskirche oder beim Zelt neben dem Arbeitsamt."

Werner Baur (aus: "Nachrichten")

Mengen, Mai 1988

Durchkreuzte Pläne
Ursprünglich sollte in Mengen EC-Offensiv-V stattfinden. Nach Vorgesprächen stellten wir fest, daß dies im Augenblick – wesentlich durch die kirchliche Situation bedingt – nicht unter positiven Vorzeichen möglich ist. Eine Zeltarbeit jedoch, in diesem Falle mit Mannschaft, konnte von uns allein durchaus durchgeführt werden. Dies war dann unsere dritte Zeltmission in Mengen und die siebente im Bezirk Mengen seit Gründung im Jahre 1978.

Unsere Mengener und wir
Die Geschwister im Bezirk freuten sich dankbar auf diese missionarische Arbeit. Das Gemeinschaftshaus – Gott sei Dank, daß wir es haben dürfen! – sonst meist eine Nummer zu groß, erleichterte diesen breiten Einsatz sehr. Donnerstagfrüh wurde, durch Gottes Gnade regenfrei, das hübsche Rundzelt der Liebenzeller Zeltmission auf dem Viehmarktplatz aufgestellt. Treue Menschen aus dem Bezirk legten mit Hand an. Das war das erste Geschenk im Verlauf der Zeltarbeit. Daß der einsetzende satte Landregen am Ende der Zeltarbeit erst begann, als das Zeltdach zusammengefaltet war, gehört auch in diese Rubrik. Unser Wunsch als Mannschaft und als Gemeinschaftsverband ist, daß der Herr unsere Geschwister am Ort durch diese Aktion mit neuem Mut ausstattet.

"Jesus mag dich" – die Kinder
Nach dem vierten Zeltabend (Dienstag nach Pfingsten) begann der Schülertreff. Es waren Schulferien. Schwester Violette Giedinghagen leitete verantwortlich und hatte ab Mitte der Woche viele Helfer. Die Kinderzahlen wuchsen von etwa 80 auf 150. Alle verfügbaren Kräfte einschließlich der örtlichen Helfer waren damit gebunden. Das Programm mit Spielstraße und Luftkissen begeisterte die Kinder. Nach zwei Stunden Spiel (ein-

schließlich biblischer Geschichten) ging es mit dem ganzen Volk noch für eine Stunde ins Zelt. Manche Mütter und Väter saßen still dabei. Buttons mit Bild vom Zelt mit obigem Motto und persönlichem Namen, Preise, gebastelte kleine Geschenke und viel Tee würzten die drei Stunden.

Das Evangelium kam an. Bibelworte wurden gelernt, abgehört und prämiert. Am Sonntag schloß ein Familienfest diese Kinderwoche ab. Ab Donnerstag mußte für 45 Kinder täglich ein Omnibus ab Pfullendorf laufen, wo der Bezirk eine kräftige Kinderarbeit hat.

Abends im Zelt – die Botschaft
Die Abende verliefen ähnlich erfreulich. Als die Schülerstunden 120 Besucher erreicht hatten, hatten sie die Erwachsenen-Besucherzahl überrundet. Nicht jeden Abend waren es 120 Besucher.

Gegen Ende der Tage tauchten mehr Ortsansässige auf. Geschwister anderer Gruppen aus dem weiten Umkreis stellten sich ein. Das Evangelium zieht. Ernst Günter Wenzler und die letzten Abende Pfarrer Wolfgang Gehring aus Graben bei Karlsruhe durften eine konzentrierte Botschaft bringen.

Allabendlich wechselten die Chöre, Laetare war zwei Abende dabei. Albstadt als Nachbarbezirk bestritt ebenfalls zwei Abende. Jugendchor Meckenbeuren, EC-Chor Ravensburg, Bläserkreis Pfullendorf sowie Abende mit Duetten ergaben ein schönes Musikprogramm. Der letzte Abend wurde von Bläsern und Sängern aus Reutlingen bestritten.

Lebenszeugnisse
Jeder Abend brachte einen neuen Interviewpartner ins Zelt. Dabei ging es vor allem um die Frage, wie man als Christ Ehefrau und Mutter, Unternehmer, Arzt, Bankvorstand, Alleinerziehende, leitender Angestellter oder einfach Jugendliche(r) ist. Diese Zeugnisse hatten hohen persönlichen Bekenntnischarakter.

Teezeit
Jeden Zeltabend gab es im Anschluß Tee und Kuchen für alle Besucher. Dabei stieg die Freude am Zusammensein von Tag zu Tag. Hier wurden Kontakte geknüpft.

Durch viele Zeugen
Bewußt wurden in den Ablauf der einzelnen Abende immer wieder verschiedene Christen mit Lesungen, Gebeten oder Zeugnissen einbezogen. Das bekräftigte das Zeugnis und wurde von dem geordneten Ablauf der Abende voll aufgefangen.

Öffentlichkeitsarbeit
Eine Woche lang war in der Hauptstraße von 10-17 Uhr ein Informationsstand etabliert. In der zweiten Wochenhälfte mußten die Kräfte nachmittags auf die Kinderarbeit konzentriert werden. Am Stand wurde täglich eine andere Überraschung an die Passanten verteilt. Eine langstielige Rose für jede Dame vermittelte dabei den größten Eindruck und die stärkste Publikumswirksamkeit.

Auch in der Tageszeitung
90 Prozent der Passanten kannten unsere Zeltmission, teilweise sogar die Namen der Musikgruppe des Abends, da wir täglich per Anzeige und dreimal als Lokalbericht in der Tageszeitung vorkamen.

Suchet der Stadt Bestes
Ein Besuch beim Bürgermeister auf dem Rathausplatz, Besuche in den Geschäften, die unsere Plakate aushängten, Besuche bei den Hausbewohnern um den Viehmarktplatz mit einem Blümchen – das kam alles als Aufmerksamkeit sehr gut an. Irgendwie durften wir damit viel Vertrauen für Jesus werben. Bürgermeister Herbert Fuss hatte uns ein feines Grußwort für die Zeltzeitung geschrieben.

"Die Welt wirbt auch"
Dies alles kostete natürlich einiges an Geld. Wir sind sehr von Dank erfüllt über die Spenden, die etwa 50 Personen dem Verband und dem Bezirk Mengen in die Hand legten. Wir glauben, daß wir damit im biblischen Sinn "gewuchert" haben. "Die Werbung ist gut", sagte mir am Stand ein bebrillter, sicher nicht nur wohlwollender Herr. Schon Elias Schrenk ließ seine Vortragsthemen auf Karten drucken und in die Häuser verteilen. "Die Welt wirbt auch", sagte er. Während unserer Gebetsgemeinschaft mit der Mannschaft wurde immer wieder Dank laut für die Geschwister im Verband, "die in diesen Tagen an uns denken". Es hat sich mit Sicherheit gelohnt. Möge der positive Zug durch die Zeltmission hindurch auch weiterhin unserer Gemeinschaftsarbeit im Bezirk Mengen zugute kommen.

Ergebnisse noch nicht absehbar
Wir können keine Zahlen von Bekehrten nennen. Vielleicht wäre das zuviel gefordert.

Ulrich kam fast "durch Zufall" ins Zelt, als ein Abend schon fast zu Ende war. Dann kam er mehrere Abende, half Samstag beim Schülertreff mit, half beim Abbau, wollte zum Jugendbund kommen. Dabei ist er schon fast Mitte 20 und Beamter.

Eine junge Mutter blieb sehr fragend nach dem Schülertreff zum Gespräch zurück. Nachdenklich.

Ein Besucher, den jemand mitbrachte, war bestürzt, weil "die alles, was sie sagen, so überzeugt glauben".

Ein oder das andere Gemeindeglied der evang. Kirchengemeinde kam gegen Schluß ins Zelt. Man hatte registriert, daß wir im Gottesdienst gewesen waren.
Der Gesang, den die Anwohner jeweils hörten, lockte. Die Zusammenarbeit zwischen jung und alt im Zelt, auf der Straße, machte Eindruck.

Ob nicht noch manch Unbekannter Vertrauen zu Jesus gewann und das Wort in ihm weiter arbeitet? Ob unsere Geschwister in diesem harten Boden irgendwann ein Pflänzlein des Glaubens

keimen sehen und vielleicht Frucht aus dieser Zeltarbeit sammeln dürfen? Darum laßt uns beten.
Werner Baur (aus: "Nachrichten")

Die EC-Zeltmission war schon immer jung

Mission ohne Grenzen – die Zelte von Erino Dapozzo

Erino Dapozzo war ein Original unter der alten, abgetretenen Missionars- und Evangelisten-Elite. Er war ein exilierter Italiener und wirkte segensreich als einfacher Knecht Gottes. Über die Schweiz kam er 1922 als junger Mann und Bauhandwerker nach Frankreich. Dort lebte er mit allem, was er hatte und war, für seinen Herrn und Erlöser. Einmal überraschte er Diebe, die ihm das Holz, das für einen Bau bestimmt war, stehlen wollten. Was machte er? Er half ihnen, sein Holz, das er beim Bauen unbedingt brauchte, auf das Diebesfahrzeug zu verladen. Er verstand das Christsein als eine sehr praktische und zeugnishafte Alltagssache. Das erfährt man auch in seinem Taschenbuch "Hamburg 1944", wo er seine Deportation ins Arbeitslager von 1943-45 und die spätere Befreiung beschreibt.

Das Jahr 1923 kann als Gründungsmoment des Missionswerkes "Frankreich-Spanien-Italien" angesehen werden. Später erhielt es dann den Namen "Mission ohne Grenzen". Heute leitet diese Arbeit Fredy Gilgen. Beratend steht ihm nach wie vor Frau Dapozzo zur Seite. Ihr Gatte starb am 10. Juni 1974 im 67. Altersjahr.

Erino Dapozzo erinnerte sich gut an die erste evangelische Versammlung in seiner italienischen Muttersprache, welcher er 1912 beiwohnen konnte. Etwa 20 Personen waren anwesend. Sein Vater hatte die Leitung. Während der Zusammenkunft wurde die Frage aufgeworfen, wie man in Italien evangelisieren könnte. Sein Vater hatte die Überzeugung, daß der Tag kommen werde, wo das öffentlich, mit Erlaubnis der Regierung, geschehen könne. Die meisten Anwesenden zweifelten an dieser Aussage. Sein Vater aber rief auf zum Gebet und Glauben. Auf dem Heimweg erklärte er diese seine Hoffnung seinem Kind Erino. Auch dessen

Bruder hörte aufmerksam zu. Er sagte ihnen: Ihr werdet es erleben, mit Gottes Hilfe werden wir es schaffen! Nicht die Versammlung, aber die zwei Kinder glaubten der väterlichen Zukunftsvision.

Zelt Nr. 1
1957, also 46 Jahre später, erhielt Erino Dapozzo einen Hilferuf aus Italien. Er wurde angefragt, ob er bei der Gründung einer Zeltmission und der Beschaffung eines Missionszeltes helfen könnte. Da erinnerte er sich an den Ausspruch seines Vaters: Mit Gottes Hilfe werden wir es schaffen!

Verschiedene Gemeinden und Kirchen und einzelne Christen antworteten auf die eingeleitete Sammlung von Erino Dapozzo. Das erste Zelt mit etwa 250 Plätzen konnte geliefert werden. Es wurde unter dem Namen der Heilsarmee registriert und der Evangelischen Allianz von Italien zur Verfügung gestellt.

Zelt Nr. 2
Zu Weihnachten 1959 teilte Dapozzo seinen Rundbriefempfängern mit, daß Italien bereits ein zweites Missionszelt hatte. Der Bericht wurde wie folgt abgefaßt: "Liebe Freunde, die Ihr geholfen habt, dieses Glaubenswerk zur Ausführung zu bringen, Ihr könnt sicher sein, daß das Herz der Gotteskinder in Italien bei der Ankündigung der Zeltmission höher schlug. Als erste Forschritte will ich Euch jedoch keine gewichtigen Zahlen von Bekehrungen aufzählen. Ich will Euch nur die Wahrheit sagen, d.h. nur von etlichen echten, herrlichen Bekehrungen, dazu besonders diejenigen von drei ganzen Familien. Seid auf der Hut, wenn Ihr von übertriebenen Zahlen von Bekehrungen, Taufen, Wundern, Heilungen und Offenbarungen hört, die uns vom Süden erreichen. Diese Berichte haben nur zum Ziel, einem Menschen Ehre zu bringen, anstatt Gott.

Es ist nun auch an der Zeit, liebe Freunde, daß ich Euch Rechenschaft ablege, was das Eigentum der beiden Zelte anbetrifft. Sie gehören nicht mir, wie auch schon berichtet wurde. Das erste Zelt, das seine Aktivität im Norden des Landes aufgenommen hat, wurde auf den Namen der Heilsarmee von Italien, deren Sitz sich in Rom, Via Ariosto 32, befindet, eingeschrieben. Die Heilsarmee ist eine evangelische Gruppe in Italien, die sich als besonders fähig für diese Art Werk erwiesen hat. Das Zelt Nr. 2 wurde auf den Namen der Chiesa dei Fratelli (Brüdergemeinde) eingeschrieben, die in Italien ungefähr 250 Gemeinden zählt und deren Sitz sich auch in Rom, an der Via Buffolini 24/II, befindet. Diese zwei Gruppen, die nun Eigentümer der beiden von Euren Gaben bezahlten Zelte sind, sind vom italienischen Staate anerkannt, haben in der Vergangenheit ihren lebendigen Glauben bewiesen und sind außerdem, was die Verwaltung anbetrifft, im Handelsregister eingetragen. Beide Gruppen gehören auch zur evangelischen Allianz Italiens.

Erino Dapozzo - ein Pionier der Zelt- und Europamission

Die Qualität des Materials sowie die Technik der Konstruktion dieser Zelte sind hervorragend, wie ich es bis jetzt noch nirgends angetroffen habe. Die Zelte wurden von einer italienischen Firma hergestellt."

Zelt Nr. 3
(Forstetzung aus dem Bericht von Erino Dapozzo) "Von neuem ist eine Bitte an mich gekommen betreffend der Gründung einer neuen Zeltmission, die ihr Wirkungsfeld im Zentrum Italiens hätte und die auch von der Brüdergemeinde betreut würde. Findet Ihr nicht auch, daß heute, wo so zahlreiche Dancings, Kinos und andere Freudenorte eröffnet werden, wir unseren Eifer ver-

doppeln müssen, um die Tugenden Des zu verkündigen, der uns von der Finsternis in Sein herrliches Licht gestellt hat. Das Zelt offenbart sich als ein wunderbares Mittel zur Evangelisation, vor allem wegen der Tatsache, daß wir evangelischen Christen in Italien große Schwierigkeiten haben, Lokale zu finden.

Darum erlaube ich mir, durch diese paar Zeilen einen Appell an all jene zu richten, die uns helfen können, das neue Zelt zu kaufen. Wie dankbar wären wir, wenn wir am Anfang des Jahres dasselbe im Zentrum der Halbinsel, d.h. in der Umgebung von Firenze, aufstellen könnten. Dies wird wieder ein Denkmal zur Ehre Gottes darstellen. Im Moment ist das Zelt Nr. 1 zirka 1 000 km von Zelt Nr. 2 entfernt.

Die Zeltmission ist wirklich eine gesegnete Erfahrung. Ein Zelt hat für die Italiener etwas Zirkusmäßiges an sich. Die Bevölkerung wagt sich nicht so schnell in eine evangelische Kirche oder einen Versammlungssaal hinein, aus Angst vor Verfolgung. Aber ein Zelt, das zudem noch die Landesfarben trägt, ist etwas neutraler."

...anno dazumal in Frankreich

Zelt Nr. 4
Im Jahre 1960 konnte Erino Dapozzo seinen Missions-Freunden und Helfern mitteilen, daß in einem vierten Zelt im Süden Frankreichs die Evangelisationsarbeit aufgenommen wurde. Der Trägerkreis dieser neuen Mission bestand aus sechzehn Mitgliedern, unter denen auch er figurierte.

Total 38 Zelte
Nicht nur Italien und Frankreich, auch Belgien, Argentinien und Uruguay kamen durch die Hilfe von Erino Dapozzo zu Missionszelten. 1982 konnte "Mission ohne Grenzen" mitteilen, daß

bisher das Missionswerk im ganzen mittels Unterstützung vieler Helfer 38 Missionszelte gestiftet hat.

1986 – Spanien – Fortsetzung folgt
"Welch ein Grund zur Freude und zur Dankbarkeit Gott gegenüber, der die Türen zu diesem Land aufgestoßen und die Finanzierung des ersten Evangelisationszeltes ermöglicht hat! Dieses neue Arbeitsmittel für Spanien entspricht einem wirklichen und dringenden Bedürfnis.

Im Monat Juni konnte das Startsignal gegeben werden. Das Zelt wurde im Beisein von Vertretern aller evangelischen Kirchen der Gegend eingeweiht. Man kann gut verstehen, daß dieses "Ereignis" mit großer Freude und Begeisterung gefeiert wurde, wenn man weiß, wie diese evangelischen Christen während Jahrzehnten unter Verfolgung und Entzug der Religionsfreiheit zu leiden hatten. Die Aussicht auf zukünftige Evangelisations-Feldzüge im Süden von Spanien, die nun dank diesem Zelt möglich sind, soll unsere Herzen zum Loben und Danken bewegen."

1988 – ein weiteres Zelt für Spanien
Wie würde sich Evangelist Erino Dapozzo über dieses Projekt freuen! Ja, Zeltmissionen wurden für viele Europäer eine neue Hoffnung, weil dort Jesus Christus verkündigt wird.

Erino Dapozzo war beseelt von einer Idee, nein, es war eine Berufung: Europa braucht das Evangelium! Trotz heftigem Widerstand durch den Klerus, so schilderte er in einem Rundbrief von 1961, war die Zeltmission ein ausgezeichnetes Mittel, um in Italien zu evangelisieren. Er schreibt, daß sich kaum jemand regte, wenn ganze Familien ganze Abende lang sich unmoralische Filme anschauten, daß sich aber Öffentlichkeit und religiöse Führer vehement zur Wehr setzten, wenn das frohmachende Evangelium verkündet wurde.

Erino Dapozzo hat für das alte und neue Europa mehr gemacht als viele der heutigen Anstrengungen, die Europa wirtschaftlich, politisch und religiös näher zusammenführen wollen, ohne ihm die Notwendigkeit zu zeigen, dass vor allen äusseren Erneuerungen eine innere durch Jesus Christus stattfinden sollte.

Impulse für die Europa-Mission
Die Handwerkersfamilie Dapozzo beschäftigte sich in den Jahren vor dem Zweiten Weltkrieg nicht nur mit Häuserbau. Während ihrer Arbeit evangelisierte sie. Auf jeder Etappe ihrer Pilgerfahrt entstand eine neue Missionsstation. 1926 ließ sie sich in Palaiseau bei Paris nieder. Ist es erstaunlich, daß in den letzten Jahrzehnten vermehrt Missionswerke an europäische Länder dachten, die weniger bekehrte Christen haben als eine ganze Zahl Länder der Dritten Welt?

Erino Dapozzo regte an, daß die Schweizerische Schallplattenmission (MSD) 1968 eine Missionsfamilie in Palaiseau stationierte. Gott segnete deren Dienst, so daß die Gemeinde wuchs und der Platz im ehemaligen Missionshaus zu eng wurde. 1984 entstand in Limours eine Zweiggemeinde.

Die Liebenzeller Mission will nun in Frankreich eine Arbeit beginnen. Und es bewegt einen, wenn man in den Missionsnachrichten dieser Mission liest, daß ihre erste Familie für Frankreich 1988 auf der Missionsstation Palaiseau ihre ersten Gehversuche machte. Also ein Ort, wo Erino Dapozzo vor 60 Jahren schon wirkte und lebte. Seine Spuren sind nicht verwischt.

Nicht zu vergessen ist das Missionswerk der Vereinigung Freier Missionsgemeinden in der Schweiz. Erino Dapozzo war seit dem 22.3.1969 in deren Missionsrat. Er konnte damals viele Impulse für die unterentwickelte Missionsarbeit in den südlichen Ländern Europas einbringen. 1988 hatte die VFMG rund 7 Missionsleute in Frankreich, 21 in Italien und 17 in Österreich. Die Kinder sind da nicht miteingerechnet. Ein Mann half mit, die große geistliche Armut in diesen Ländern zu einem Gebets- und Missionsanliegen zu machen. Es war Erino Dapozzo.
Mathieu Eggler

Eine weitere Chance: Kinderstunden im und ums Zelt

Das Zelt zieht Kinder an

Es war in Breitenbach. Ich hatte dort eine kleine Dorf-Zeltevangelisation. An einem der ersten Anlässe hatte ich in diesem Pioniereinsatz niemanden, der mir half. Kein Chor, keine Zuhörer, kein Team - sogar der Zeltdiakon war abwesend. Ich war alleine. Es war kein Mustereinsatz. Aber Zeltmission kann auch einmal so aussehen. Entmutigt wollte ich das Zelt verlassen. Da kam ein französisch sprechendes Mädchen daher, ein Teenager. Es wollte wissen, was ich da mit dem Zelt machte. Nun stellten wir am Eingang zwei Stühle hin und mit der Bibel in der Hand erklärte ich ihm den Heilsweg. Das Mädchen stellte Fragen; es war sehr offen für das Evangelium. Am Schluß unseres längeren Gespräches wünschte es, Jesus im Gebet als persönlichen Herrn und Heiland aufzunehmen. Es war das einzige Mal, daß sich bei einer meiner Zeltevangelisationen 100 Prozent der Zuhörer bekehrt haben.

So wie dieses Mädchen vom Zelt angezogen wurde, gibt es pro Sommer einige zehntausend Kinder, die es erahnen, daß in den Missionszelten etwas Besonderes los ist. Die verschiedenen Missionswerke nutzen das. Sie unterstreichen alle die Wichtigkeit der Kinderarbeit. Sie wissen sich dem Aufruf Jesu verpflichtet: "Laßt die Kinder zu mir kommen und wehret ihnen nicht" (Mk 10, 14). Zeltmissionen – eine Chance für Europa – im speziellen auch für die Kinder.
Mathieu Eggler

Zur Notwendigkeit der Evangelisation unter Kindern

1. Der biblische Auftrag

Der Missionsbefehl Jesu hat eine weltweite und zugleich auch Generationen umspannende Dimension. Er schließt kein Volk aus und gilt sowohl den Jungen als auch den Alten. Zu den Völkern, denen wir die Botschaft bekannt machen sollen, gehört insbesondere auch das große "Volk" der Kleinen, der Kinder.

Vor allem der Umgang Jesu mit den Kindern macht deutlich, daß sein Evangelium und seine Liebe gerade auch den Kleinen gelten: Er warnt davor, Kinder zu verführen (siehe Mt 18, 6) oder zu verachten (siehe Mt 18, 10). Er nimmt sich Zeit für sie und wendet sich in besonderer Weise ihnen zu (siehe Mk 10, 14) und stellt sie in ihrer Beziehung zu Gott als Vorbild hin. Schließlich solidarisiert sich Jesus sogar mit den Kindern, wenn er sagt: "Wer ein solches Kind in meinem Namen aufnimmt, der nimmt mich auf" (Mk 9, 37). Wenn Jesus Ja sagt zu den Kindern und ihnen das Reich Gottes ankündigt, dann erwartet er auch von uns, daß wir ein Ja zu den Kindern haben und sie mit ihm bekanntmachen.

2. Das Kind

Kinderarbeit muß zu einem zentralen Anliegen der Gemeinde Jesu werden. Warum? Nicht aus Sorge um den Nachwuchs, sondern:

- Kinder fallen auch unter das Urteil von Römer 3, 23: "allzumal Sünder"! Sie brauchen wie die Erwachsenen die Erlösung durch Jesus. Der Dienst an den Kindern erfährt seine Motivation durch die Liebe zu den Kindern.
- Kinder sind noch prägbar. Wo wir sie nicht prägen, tun es andere!
- Bei den meisten Christen geschieht die Hinwendung zum christlichen Glauben in jungen Jahren oder geht auf Impulse in Kindheit und Jugend zurück.

Können denn bereits Kinder bewußt Christen werden, sich für Jesus entscheiden, eine Wiedergeburt erfahren? Wie die Berichte mancher älterer Christen zeigen, gibt es sicher schon im Kindesalter Entscheidungen für Jesus. Das bedeutet, daß das Kind auf seiner Ebene des Denkens begriffen hat, daß es zum Vater kommen und mit Jesus leben darf. Nun erfährt aber das Kind im Laufe seiner Entwicklung eine Veränderung seines Denkens bis hin zu der Fähigkeit, Zusammenhänge kritisch zu hinterfragen. Außerdem wird es zunehmend mit andersartigen Werthaltungen unserer Gesellschaft konfrontiert, für die die Inhalte des christlichen Glaubens in unserer Zeit nicht mehr relevant sind. Bei einem Christen, der bereits in frühen Jahren zu einem Leben mit Christus gefunden hat, wird sich deshalb auch eine Veränderung vollziehen. Das Kind muß lernen, seinen Glauben bei einer qualitativ anderen Art des Denkens und auch bei veränderten Wert- und Moralvorstellungen zu bezeugen. Es geht nicht um eine neue Entscheidung für Jesus, sondern darum, diese Entscheidung nun auch mit den neuen Denk- und Gefühlsstrukturen zum Ausdruck zu bringen.

Bei diesem Prozeß ist die verständnisvolle Begleitung erwachsener Christen unbedingt nötig. Vor allem in den Jahren der Pubertät!

Dieter Velten (aus: Zeltgruß der DZM, 1/1989)

Es ist niemand zu groß, es ist niemand zu klein

"Das waren noch Zeiten..." So müssen wir – Bärbel Wilde, Michael Höhn und ich – immer denken, wenn wir uns an das alte Bergmann-Team erinnern. Die 70er Jahre in der Zusammenarbeit mit Gerhard Bergmann haben uns drei stark geprägt. Und meist kommen wir dann auf unsere Kinderstunden zu sprechen, die wir jeden Nachmittag im Zelt hatten. Welchen Wert die Arbeit an den

Kindern hat, wurde mir erst jetzt wieder in einem der diesjährigen Sommereinsätze bewußt.

Ein junger Mitarbeiter fragt mich: "Kennen Sie mich noch? Ich war 1975 nach einer Kinderstunde bei Ihnen zur Aussprache. Damals haben wir miteinander gebetet, und ich habe mein Leben Jesus Christus übergeben. Das war der Anfang meines Lebens mit Gott..." Ich hätte jubeln können vor Freude: Wie wichtig sind doch unsere Kinderstunden an den Nachmittagen unserer Zeltmissions-Einsätze!

Wo Missionszelte aufgebaut werden, da werden sie auch für Kinder aufgestellt

Es war Gerhard Bergmann, der diese Arbeit ernst nahm, förderte und uns ans Herz legte. Ich erinnere mich an manche Kinderstunde in der großen 3 000 Mann-Zelthalle, in der Dr. Bergmann in der letzten Reihe saß und zuhörte. Immer hatte er ein väterlich-korrigierendes, hilfreiches und mutmachendes Wort. Im Nachhinein sehe ich, wie recht er hatte: Die Evangelisation für die "Großen" am Abend unterscheidet sich grundsätzlich kaum von den Nachmittagsstunden für die Kinder. Sie alle lieben die spannende Erzählung, die packenden Lebensbeispiele und eine fröhliche Art. Und jeder braucht Jesus. "Es ist niemand zu groß, es ist niemand zu klein... Gott öffnet jedem die Tür."

Es war schon erstaunlich und für uns immer wieder ein Wunder, wie viele Kinder sich zu den fröhlichen Stunden im Zelt aufmachten. In Naila/Oberfranken durchbrachen wir die "Schallmauer" mit über 1 000 Kindern. Da war man abends stockheiser.

Einmal mußte Gerhard Bergmann seine Zuhörer durch dichten "Nebel" begrüßen. Was war geschehen? Bärbel Wilde hatte mit den Kindern ihr Lieblingsspiel gemacht: "Der Maharadscha wünscht sich...". Jungen und Mädchen bilden je eine Gruppe. Vorn auf dem Podium sitzt aus jeder Gruppe ein "Maharadscha". Bärbel sagt dann: "Der Maharadscha wünscht sich einen linken Schuh." Welche der beiden Gruppen jetzt als erste einen solchen Schuh bei ihrem Maharadscha hatte, bekam den Punkt.

Im Zelt gibt's interessante Geschichten: solche für Kinder – oder wenn Polizisten Bomben suchen... (Berlin 1987)

Und dann kam der Wunsch: ein Fahrrad. Können Sie sich vorstellen, was los ist, wenn 600 Kinder das Zelt verlassen, vor den Eingang stürzen und mit Fahrrädern "bewaffnet" wieder hereinkommen?! Ein totales Chaos war die Folge. Das Gerenne über den Schotterplatz, auf dem das Zelt stand, verwandelte die Luft in eine undurchsichtige, stillstehende Staubwolke.

Alle Anstrengungen, im Zelt zu lüften, waren vergebens. Dr. Bergmann ging einem staubigen Abend entgegen. Und das frohen Herzens. Denn er sagte: "Hauptsache, die Kinder hatten Spaß. Man darf eben nicht verbieten, man muß bieten." Ja, es stimmt. Es hat wenig Zweck, den übermäßigen Fernsehkonsum der Kinder zu beklagen oder ihr Desinteresse am Evangelium. Wir müssen uns bemühen, "mehr" zu bieten. Und bis heute erleben wir es, daß Kinder voll Begeisterung mitmachen, wenn es um Bibelquiz und "Maharadscha", um biblische Geschichte und packende Fortsetzungserzählung geht. Und die Lieder hört man dann auf manchem Schulhof und in manchem Schulbus. Deshalb haben wir immer versucht, die Kinder zu begeistern. So kamen sie gern wieder, waren bereit zum Hören und brachten stets neue Freunde mit.

Wir teilten die beiden Zeltwochen: die erste galt der evangelistischen Kinderstunde, die zweite der Nacharbeit. Die Kinderstunden hatten immer einen musikalischen Akzent: Lieder mit einfacher Melodie und einprägsamen, christozentrischen Texten. Viel Bewegung war dabei. Dann ein Spiel und schließlich die biblische Geschichte. Wir arbeiteten mit überdimensionalen Flanellbildern, damit jedes Kind in der riesigen Zelthalle sehen konnte.

Uns war klar: Zielpunkt muß der Aufruf zur Entscheidung sein. Nicht drängend oder, die Gefühle der Kinder nutzend, sentimental. Aber deutlich. Die Erfahrung hat uns recht gegeben: Viele Kinder kamen zur Aussprache und beteten um ein neues Leben mit Jesus. Diese waren dann in der zweiten Woche gemeint, wenn es um Bibellese und Stille Zeit ging. In einem Ort war die Hälfte der Kinder noch in der zweiten Woche dabei. Das Echo hallt bis heute!

Unvergeßlich sind die Fortsetzungsgeschichten "Unter dem Buyubaum". Die Kinder fielen vor Spannung fast vom Stuhl. Das war mehr als eine hausgemachte Fernsehkost. Vor allem, als unsere Freundin Marylin aus Oklahoma/USA, eine hochbegabte Pianistin, die Geschichte am Klavier untermalte. Da hörte man Löwen brüllen und Elefanten durch den Urwald stapfen. Atemlose Stille in einem Riesenzelt. Und aufnahmebereites Hören, wenn der biblische Bezug der Tierfabel erklärt wurde. Wir waren oft "erschlagen" nach einer solchen Stunde.

Die Kraftreserven kamen nach zwei Zeltwochen an ihre Grenzen. Und doch waren wir selber es, die beschenkt wurden mit dem kindlichen Vertrauen der kleinen Zeltbesucher, die oft aus schwierigen, kaputten Familienverhältnissen kamen. Ich staune noch heute, wie viele Leute man trifft, die als Kinder ganz bewußt eine Entscheidung für Jesus gefällt haben. Deshalb ist die Kinderarbeit kein Beiprogramm unserer Zeltabende. Sie ist oftmals das Hauptprogramm, weil hier im prägsamen Alter wichtige Weichenstellungen vorgenommen werden können. Und weil viele Kinder ihre Eltern dazu bewegen, doch abends einmal ins Zelt zu kommen. Ein Vater sagte mir: "Daß ich jetzt zu Ihnen in die Seelsorge komme, verdanke ich meiner fünfjährigen Tochter. Sie ist so begeistert von den Kinderstunden, daß ich dann auch einmal an einem Abend gekommen bin. Und da hat mich das Wort getroffen..."

Ja, heute hat sich manches verändert. Schon allein die Tatsache, daß es weniger Kinder gibt, macht sich bemerkbar. Aber die Notwendigkeit der Kinderarbeit und die Freude an ihr ist geblieben. Und ich bin froh, daß wir in der Zeltmission jetzt hauptamtliche "Nachfolger" haben, die den wichtigen Dienst treu tun. Für uns aber ist klar: Eigentlich waren doch die schönsten Zeiten bei der DZM die Kinderstunden.

Peter Hahne (aus Zeltgruß der DZM, 1/1989)

Berlin 1987: Das Angebot für Kinder war beeindruckend!

Weitere Schriften von Mathieu Eggler

Herausgeber dieses Taschenbuches

Er bringt uns durch

Gedichte zum Alltag
Die Gedichte sind sehr mutmachend und stärken den Glauben. Als Grundlage haben sie biblische Geschichten oder Verse. Somit eignen sie sich gut, um in der Stille mit den angegebenen Bibeltexten gelesen zu werden und darüber nachzudenken. Das Bändchen entstand im Zeitraum von 35 Jahren. Es ist eine Art Glaubensbekenntnis des Verfassers. Verschiedene Gedichte wurden zu Chorliedern vertont. Ihr Aufbau, ihr Rhythmus und ihre Reimkombinationen sind zum Teil Raritäten und zeugen von einer erstaunlichen Kreativität. Diese Gedichte schenken dem Leser neuen Mut und ein gesundes Gottvertrauen.
144 Seiten, im Eigenverlag

Alt und jung – überbrückbare Spannungsfelder

Erzieher — Kinder
Eltern — Teenager
Einflüsse — Jugend
Ehe — oder "ohne Trauschein"
Einander vorangehen, entgegengehen, beistehen.
Wie können die wichtigsten Phasen in der Entwicklung eines Jugendlichen bewältigt werden? Wie werden insbesondere die Pubertät und andere schwierige Entwicklungsphasen im Sinne

des Neuen Testamentes gemeistert? Wie können Eltern und Jugendliche in diesen Herausforderungen christlich handeln? Aus persönlicher Erfahrung als Evangelist kennt Mathieu Eggler die Probleme und geht sie in diesem Buch praktisch an. Ganz aktuelle Fragen, mit denen sich auch das christliche Elternhaus auseinandersetzen muß, werden nicht umgangen. Etwa das Problem "Ehe ohne Trauschein?" Entscheidend ist für Eggler, daß die Heranwachsenden durch alle Stürme hindurch auf ein Leben mit Christus vorbereitet werden. Das Buch kann sowohl Eltern wie auch Jugendlichen in die Hand gedrückt werden.
EDITION C Nr. M 80, 128 Seiten
Verlag der Liebenzeller Mission, Bad Liebenzell

Beaten oder Beten?

In Indonesien werden wilde Elefanten erfolgreich mit Rock'n Roll weggetrieben ("Journal du Jura", 3/87). Schließlich sagte nicht erst Shakespeare: "Musik kann gar Bestien besänftigen!" Im Nachbarland Malaysia darf diese "musikalische Schädlingsbekämpfung" allerdings nicht angewandt werden – dort ist Rockmusik verboten.

Daß Musik als Träger für verschiedene Kräfte verwendet wird, ist schon lange klar. Mit Musik läßt sich nicht "spielen". Oder warum hat eine Initiative der Niederländischen Reformierten Kirche 6 500 unter ihrer Leitung stehende Schüler angewiesen, Platten verschiedener Rockgruppen zu vernichten ("Der Bund", 1/85)? Daß bereits ungeborene Kinder abwehrende Reaktionen gegenüber Rockmusik einnehmen und Schädigungen davontragen können, berichtet die Zeitschrift "Ethos". Was ist davon zu halten, wenn Buchtitel wie "Rock'n Roll - Vergewaltigung des Gewissens" erscheinen?

"Beaten oder Beten?" beleuchtet Hintergründe der Rockmusik und geht Fragen nach, die jeden Musikfan betreffen.
EDITION C Nr. 207, 100 Seiten
Verlag der Liebenzeller Mission, Bad Liebenzell

Video-Kassette
Beaten oder Beten?

Fröhliches Lagerleben mit 13-16jährigen Jugendlichen. Durch eine berndeutsche Lektion sowie Spiel, Sport und Darbietungen werden verschiedene Aspekte der Rockkultur mit schriftdeutschem Kommentar dargeboten.
Video: Marc Suter
Drehbuch: Marc Suter und Mathieu Eggler
Drehort: Mörlialp (Schweiz)

Biblischer Unterricht für zirka 12-bis 16jährige Jugendliche

bestehend aus Lehrerordner und Schülerheften, pro Unterrichtsjahr zusammengebunden. Die Unterlagen beinhalten je Jahr folgende Lektionen:
  18 Glaubenslehre,
    5 Kirchen- und Missionsgeschichte,
    5 Bibelkunde und
    5 Weltreligionen und Sektenkunde.
Mathieu Eggler war mehrere Jahre verantwortlicher Leiter einer schweizerischen Teenager-Arbeit. Für diesen Arbeitszweig half er als Mitautor und -koordinator bei der Herausgabe dieses biblischen Unterrichtsmaterials im Dreijahresplan mit insgesamt 99 Lektionen.

Bestellungen für Unterrichtsmaterial und Video-Kassette:
An Mathieu Eggler, Postfach 33, CH-2500 Biel 8

Ein Fremdenlegionär wird gerettet

Buchauszug aus "Stationen meines Lebens" von August Pressler

Mein größtes Erlebnis
Als ich an einem Abend lebensmüde und verzagt nach Hause kam, fand ich im Briefkasten die Einladung zu einer Zeltevangelisation. Es war die erste Evangelisation in Straßburg nach dem Zweiten Weltkrieg. Als ich hinauf in die Wohnung kam, stellte ich fest, daß meine Frau noch nicht da war. So stand ich allein im Hausflur und las die Einladung. Darauf stand: "Komm und höre das Wort Gottes, denn auch Du brauchst Jesus!" Als ich wiederholte: "Auch Du brauchst Jesus", hörte ich ganz deutlich eine Stimme zu mir sagen: "Geh' hin und höre!" Spontan gab ich zur Antwort: "Jawohl, ich gehe."

Meine Frau, die etwas später heimkehrte, wollte mich nicht begleiten und bemerkte nur: "Ich habe die Lutherische Kirche." So ging ich eben allein. Es wurde mein größtes Erlebnis bisher. Das war im Juli 1952.

Durch die Not, die der Krieg auch in Strassburg hinterlassen hatte, war das Zelt von Besuchern überfüllt. Ganz hinten bekam ich noch einen Platz auf einer Bank. Welch ein anderer Geist herrschte in diesem Zelt! Die Lieder von Jesus, die dort gesungen wurden, berührten meine Seele.

Auf einem Spruchband stand der Bibelvers geschrieben: "Kommet her zu mir alle, die ihr mühselig und beladen seid; ich will euch erquicken; so werdet ihr Ruhe finden für eure Seelen" (Matthäus 11, 28-29). Das war Balsam für mein suchendes Herz.

Die Botschaft des Evangelisten beleuchtete mein ganzes Leben und zeigte mir, was es braucht, um gerettet zu werden. Es ging um das Wort aus Johannes 10, 27-28: "Meine Schafe hören meine Stimme, und ich kenne sie, und sie folgen mir; und ich gebe ihnen das ewige Leben, und sie werden nimmermehr umkommen, und niemand wird sie aus meiner Hand reißen."

Jedes Wort traf mein Schuldbewußtsein. Am Schluß forderte der Prediger im Gebet auf: "Wer Jesus als seinen Erlöser annehmen will, möge dies durch Aufstehen bezeugen." In mir entbrannte ein heftiger Kampf. Ich spürte, wie der Satan mich, sein Opfer, nicht freigeben wollte. Es waren Ewigkeitsminuten für mich. Zwei verschiedene Stimmen drangen an mein Ohr: "Du bist doch ein Narr, wenn Du aufstehst! Dadurch bist Du doch nicht gerettet!" So flüsterte die eine. Und die andere Stimme, die mich erzittern ließ, sprach: "Entscheide Dich heute, denn morgen könnte es zu spät sein."

Ich sagte zu mir selber: "August, wenn Du Dich nicht sofort meldest, dann kommst Du zu spät!" Ohne noch irgend einen Menschen zu sehen, sprang ich auf und schrie über alle Köpfe hinweg: "Ich will Jesus!" Damit war der Bann gebrochen. Es kam im Zelt zu einem großen geistlichen Durchbruch, so daß nach mir noch 32 andere Personen aufstanden. Das hatten das Gebet und die Not der Nachkriegsjahre bewirkt. Dieses intensive Suchen nach Frieden mit Gott in der Bevölkerung hielt während der ganzen Zeit der Zeltevangelisation an.

Wir alle blieben an diesem Abend zur seelsorgerlichen Aussprache zurück. Der Prediger kam gleich zuerst auf mich zu und nahm mich mit ins Gebetszelt. Dort fragte er mich: "Glaubst Du an Jesus? Glaubst Du, daß Du ein Sünder bist? Und glaubst Du auch, daß Jesus auferstanden ist?" Das alles konnte ich mit Überzeugung bejahen. Er antwortete: "Dann geschehe Dir nach Deinem Glauben." Wir knieten nieder, und der Prediger betete in Vollmacht mit mir. Als ich dann selbst beten sollte, konnte ich nur stotternd meinem Heiland für die Erlösung danken.

Nun erfuhr ich die herrliche Tatsache: Es gibt eine Erlösung von aller Schuld und von allen Bindungen, auch von den Zaubereisünden. In der folgenden Nacht ging ich zum ersten Mal wieder ohne Angst ins Bett. Um Mitternacht wurde ich vom Herrn geweckt. Ein helles Licht umleuchtete mich im dunklen Schlafzimmer. Es zog mich auf die Knie, und ich betete Jesus an mit

Loben und Danken. Dann sah ich keinen Lichtglanz mehr, doch Frieden und Freude zogen in mein Herz ein. Vom selben Tag an wurde ich nicht mehr verfolgt.

Was für eine Befreiung zu wissen: "Ich habe Vergebung meiner Sünden!" Das ist das größte Geschenk im Leben und erst recht im Sterben. Dem Herrn sei Ehre, der Tod und Teufel besiegt hat!

Buchbeschreibung
Stationen meines Lebens

August Pressler ist gebürtig von Norddeutschland, naturalisierter Franzose und seit Jahren in der Schweiz ansäßig. Früh regte sich in ihm der Wille, sein Leben selber in die Hand zu nehmen. Gegen alle Mahnungen meldete er sich zur französischen Fremdenlegion, wo er schwere Strapazen erlebte und wiederholt durch offensichtliches Eingreifen Gottes vor dem Tod bewahrt wurde. Er bekehrte sich anläßlich der ersten Zeltmission nach dem Zweiten Weltkrieg in Straßburg. Dadurch erfuhr sein Leben eine dramatische Wende. Aus dem Haudegen wurde ein Werkzeug Gottes, durch welches viele Menschen gesegnet wurden. Davon zeugt eine Broschüre, die durch die Schweizerische Schallplattenmission (MSD), Frutigen, verbreitet wurde. Mit dem Taschenbuch "Stationen meines Lebens" kommt der gesegnete Diener Gottes dem Wunsch vieler Hörer und Leser nach, sein Zeugnis in einer ausführlicheren Fassung niederzuschreiben.
Taschenbuch, 144 Seiten
Studio MSD, CH-3714 Frutigen
Spezialpreis für evangelistische Aktionen ab 20 Stück.

Die neusten Titel von Evangelist Manfred Bönig

Kräfte aus dem Jenseits

Okkulte Phänomene, Hintergründe und Gefahren

In der Geschäftswelt und an unseren Schulen sind Praktiken wie Pendeln, Glas- und Tischerücken sowie das Horoskoplesen erschreckend alltäglich geworden. Popmusik, Film und Literatur tragen das ihre noch dazu bei, das Interesse an Aberglaube, Magie und Zauberei hervorzurufen und wachzuhalten. Doch in Erfahrungsberichten Betroffener wird deutlich, wie gefährlich Verstrickungen auf diesem Gebiet sind.

In den Beiträgen dieses Buches wird den Ursachen der "okkulten Explosion" auf den Grund gegangen. Daneben wird mittels Berichten aus der seelsorgerlichen Praxis die Gefahr der okkulten Bindung gezeigt, aber auch der Weg zur Befreiung gewiesen.

Autoren: Jürgen Mette, Friedhold Vogel,
Klaus Berger, Manfred Bönig
Bestell-Nr. 70.541, TELOS-Taschenbuch
zirka 128 Seiten

Ein Ziel haben

Für Christen, die am Anfang stehen

Endlich eine praktische Hilfe für Anfänger/innen im Glauben. Hier wird ein lebenslanger Lernprozeß in elf Kapiteln beschrieben. Schritt für Schritt führt Manfred Bönig den Leser in die Praxis des christlichen Glaubens und Lebens ein - knapp, ohne Schwierigkeiten zu verschweigen, die auch der ernsthafteste junge Christ in der Nachfolge Jesu zu bestehen hat. Sehr bald wird die frohe Heilsgewißheit dem Zweifel ausgesetzt. Anfechtungen

im Blick auf die reale Erneuerung bleiben nicht aus - die Frage, ob dies denn nun das rechte Leben sei, wird dennoch mit einem klaren Ja beantwortet: Das Neue des Glaubens bricht durch, schafft sich Raum, wird bestätigt, wächst, schlägt Wurzeln mitten im Lebensraum der christlichen Gemeinde - wie ein Baum, der seine Wurzeln in gesunde Erde steckt. Gebet, Bibellesen, Vergebung, praktische Nächstenliebe, Leben in der Kraft des Heiligen Geistes - das ganze christliche Leben mit seinen Höhen und Tiefen wird hier angesprochen, so daß man das Buch auch in Gruppen durcharbeiten kann.
R. Brockhaus Taschenbuch Nr. 433
80 Seiten

Geschenktes Glück

Wie die Ehe ein Erfolg wird
Hänssler-Verlag, Neuhausen-Stuttgart

Im Bannkreis dämonischer Mächte

Wege zur Befreiung
2. Auflage, 59 Seiten
R. Brockhaus-Verlag, Wuppertal

Schrittweise ins neue Leben

2. Auflage, 72 Seiten
Hänssler-Verlag, Stuttgart-Neuhausen

Buchauszug von Erino Dapozzo

Hamburg 1944/45

Glaubenserfahrungen eines Deportierten

Der Zug führt mich nach Belp, wo ich um 22 Uhr ankomme. Ich befinde mich vor dem kleinen Bahnhof und sehe den Zug im Dunkel verschwinden. Jetzt habe ich mein Ziel erreicht.

Nicht weit von der Station entfernt steht das Haus, wo die Meinen wohnen.

Von neuem schlägt mein Herz heftig. Wird sich meine Frau wohl schon zur Ruhe gelegt haben?

Im Eßzimmer brennt das Licht. Ganz sachte, jedes Geräusch vermeidend, steige ich die Treppe hinauf. Vor dem Fenster angelangt, bemerke ich im erhellten Zimmer eine einzige Person.

Ja, es ist sie, meine liebe Frau! Ich finde, daß sie sich ziemlich verändert hat. Wie hat sie wohl gelitten!

Sie hat mich nicht gesehen. Sie strickt gerade an einem wollenen Pullover. Ihr Gesicht ist sehr beunruhigt; denn sie hört eben die neuesten Nachrichten von der Schlacht um Deutschland.

Ich klopfe ein wenig an das Fenster. Sie schaut traurig nach dem Ort, wo das Klopfen herkommt, gibt sich jedoch nicht Rechenschaft darüber, weil sie mich nicht sehen kann.

Ich klopfe ein zweitesmal, ein drittesmal und dann etwas heftiger. Endlich bemerkt sie, daß jemand am Fenster steht. Sie nähert sich und fragt in etwas ängstlichem Tone: "Wer ist da?" Doch ich brauche nicht zu antworten, denn sie hat mich sogleich erkannt.

"Du bist es! Welch ein Wiedersehen." Sie geht durch das Zimmer, löscht das Licht aus, zündet es wieder an, löscht es wieder aus und zündet es noch einmal an. Ich habe den Eindruck, daß sie durch die Ereignisse den Kopf verloren hat und nicht weiß, was sie tun soll.

Sie will mir die Türe öffnen. Aber in der Aufregung kann sie den Schlüssel nicht mehr drehen, und dieser will nicht gehorchen. Endlich steht sie vor mir. Wir fallen uns in die Arme. Keines von uns bringt ein Wort über die Lippen. Dann kommen die Kleinen an die Reihe. Ja, wirklich, die Freude ist groß.

Bestell-Nr. 86.151
64 Seiten, 13. Auflage 1988
Hänssler-Verlag, Neuhausen-Stuttgart und "Mission ohne Grenzen", CH-3114 Wichtrach